JN295879

勁草テキスト・セレクション
Keiso Text Selection

平和構築論
開発援助の新戦略

Peace Building
A New Strategy for Development Assistance

大門 毅

勁草書房

目　次

執筆者紹介　iv／略語表　v

序　章　なぜ，平和構築か ―――――――――――――――― 1
グランド・ゼロからの出発（3）　ポスト9.11の開発援助政策（4）
本書の構成（6）

第1章　平和構築の理論 ――――――――――――――――― 9

1　平和構築論の変遷　11
国連を中心とする概念の変遷（11）　援助コミュニティを中心とする議論の変遷（15）　援助モダリティによる平和構築論の相違（19）　ファンジビリティと公共支出管理（21）

2　脆弱国家論　23
脆弱国家論（23）　制度構築論（26）　法の統治（30）

3　経済学における紛争の問題　34
アダム・スミスと戦争（34）　紛争のモデル化（35）

4　社会的アイデンティティの形成と衝突　40
文明の衝突論（40）　社会的アイデンティティと個人の選択（43）

第2章　平和構築支援の戦略と政策 ―――――――――――― 47

1　平和構築支援の類型化と調和化　49
平和構築支援の目的別類型化（49）　平和構築支援の主要アクター（51）

2　主要国際機関の役割　52
UNHCRによる難民支援（52）　世銀による平和構築支援（54）　国連開発計画（UNDP）および国連グループのとりくみ（57）　地域金融機関の動向（58）

3 主要二国間ドナーの対応　60

外交政策としての開発援助（60）　国家安全保障を重視するアメリカ（62）　貧困削減を通じたイギリスの貢献（64）　旧植民地圏への協力を重視するフランス（66）　紛争予防重視のドイツ（67）

4 日本のとりくみ　68

日本のODAと平和構築の歴史（68）　冷戦崩壊から湾岸戦争へ（70）　9.11事件以降（74）　平和構築支援への具体化とモダリティの選択（75）

第3章　勝者による平和構築 ―――――― 79
――アフガニスタンとイラク――

1 アフガニスタンをめぐる地政学的条件　81

アフガニスタン近代史：ソ連軍侵攻まで（81）　ソ連占領時代（82）　タリバン勢力の台頭（84）　アフガニスタンをめぐる援助競争（86）　アフガニスタンと中央アジア経済圏（89）　米中ロ大国にとっての戦略的位置づけ（91）

2 平和移行への課題　94

国際的な支援の枠組み（94）　ステート・ビルディングの課題（97）　アフガン・ナショナリズムと平和構築（99）　武装解除，動員解除，社会再統合（DDR）（100）　軍閥解体の難しさ（102）　麻薬問題（104）

3 長期的発展への展望　105

経済状況（105）　国家開発計画（ANDS）（107）　予算の特徴と国軍の位置づけ（109）　地域的発展性（111）　地域協力機構の可能性（113）

4 イラク復興支援への示唆　117

イラク戦争とその後（117）　支援の枠組み（118）　今後の展望（120）

第4章　開発独裁体制の崩壊 ―――――― 123
――インドネシアと東ティモール――

1 スハルト体制の崩壊と地方分権政策　125

インドネシア型開発独裁（125）　スハルト体制の崩壊（127）　国家分裂の危機（128）　成長路線と貧困削減のせめぎあい（129）　日本の果たすべき役割（132）

2 東ティモール　134

　　　　分離独立による平和構築（134）　国連による統治（137）　JICAを中心とした日本の支援（140）　暴動再発（142）　言語政策を通じた国民意識の情勢（143）　言語と経済発展（147）　東ティモールの将来展望（149）

　　3　アチェ　150
　　　　津波被害支援と平和構築（150）　支援のタイミングと内容（151）　アチェ支援の教訓（153）

第5章　開発援助の新戦略論 ――――――――――――― 155

　　1　日本の平和構築支援の特徴　157
　　　　人間の安全保障論の理想と現実（157）　データにみる日本の平和構築支援の特徴（157）　平和構築における援助モダリティの特徴（163）
　　2　移行期支援の視点　165
　　　　移行期支援のアプローチ（165）　JICAの新たなとりくみ（167）
　　3　新たな支援のありかた　170
　　　　モダリティ間の連携（170）　円借款の役割（171）　新生JICAと平和構築（172）　PKO活動との連携（174）　市民社会の役割（175）

あとがき　179
もっと知るための文献案内　181
引用・参考文献　185
事項索引　189／人名索引　196

各章の構成　各章は，序章を除いて冒頭の「本章で学ぶこと」と，本文と，章末の「第〜章の要点」で構成されています。また，本文中に適宜Columnが挿入されています。
本章で学ぶこと　関連するエピソードを通じて，その章の問題意識と要約を簡潔に知ることができます。
Column　本書をより深く理解するために，関連する事例や挿話を適宜挿入しました。
第〜章の要点　その章の要点を，章末に箇条書きでならべました。
本文中のゴチックの語　本文中で，重要な専門用語を説明している箇所では，その語句をゴチック（太字）で示しました。
もっと知るための文献案内　平和構築論についてさらに深く学びたい読者向けに，近年に刊行され，比較的入手しやすい日本語の文献を紹介しました。

執筆者紹介

大門　毅（だいもん　たけし）

1965 年	東京都生まれ。
1989 年	早稲田大学政治経済学部を卒業（政治学専攻）。その後，海外経済協力基金（現・国際協力銀行）職員（1989～1994 年），世界銀行エコノミスト（1994～2000 年）として中東，東欧，アフリカ地域の経済開発に従事する。その間，
1993 年	イェール大学修士課程修了（国際関係論）。
2000 年	コーネル大学博士課程修了（開発経済論）。
現　在	早稲田大学国際教養学術院准教授。Ph.D.（経済学）。専攻は開発経済論，公共経済・経営論。

2000 年に実務から「引退」のあと，国内外の大学にて開発経済論の研究，開発専門家の育成に貢献する傍ら，NGO 活動などを通じて引き続き，国際協力の最前線に立っている。これまで担当した主な国はパレスチナ，アフガニスタン，東ティモール，インドネシア，シエラレオネ，ニカラグア，ミャンマーなど。活動報告などは自身のホームページ上で公開している（http://www.f.waseda.jp/daimon/）。

主　著　"The Spatial Dimension of Welfare and Poverty: Lessons from a Regional Targeting Program in Indonesia," *Asian Economic Journal*, Vol. 15, No. 4 (2001),『遊牧がモンゴル経済を変える日』（共著，出版文化社，2002 年），『紛争と復興支援——平和構築に向けた国際社会の対応』（共著，有斐閣，2004 年），"How Globalization Localizes International Public Interest: A Cross-Country Evidence from Millennium Development Goals." *Waseda Global Forum*, No. 1, (2005) など。

略 語 表

ADB	Asian Development Bank	アジア開発銀行
ADF	Asian Development Fund	アジア開発基金
AfDB	African Development Bank	アフリカ開発銀行
ANDS	Afghanistan Natioal Development Strategy	アフガニスタン国家開発戦略
ARTF	Afghanistan Reconstruction Trust Fund	アフガニスタン復興信託基金
AfDB	African Development Bank	アフリカ開発銀行
ASEAN	Association of Southeast Asian Nations	東南アジア諸国連合
BMZ	Bundesministerium für Wirtschftliche Zusammenarbeit und Entwicklung	ドイツ経済協力省
CACO	Central Asia Cooperation Organization	中央アジア協力共同体
CAEC	Central Asian Economic Community	中央アジア経済共同体
CDC	Community Development Council	コミュニティ開発評議会
CEP	Community Empowerment Program	コミュニティ・エンパワーメント事業
CIDA	Canadian International Development Agency	カナダ国際開発庁
CIS	Commonwealth of Independence States	独立国家共同体
CPIA	Country Policy & Institutional Assessment	国別政策制度評価
DAC	Development Assistance Committee	開発援助委員会
DDR	Disarmament, Demobilization and Reintegration	武装解除・動員解除・社会再統合
DFID	Department for International Development	イギリス国際開発省
EBRD	European Bank for Reconstruction & Development	欧州復興開発銀行
ECO	Economic Cooperation Organization	経済協力機構
ESCAP	Economic and Social Commission for Asia and the Pacific	アジア太平洋経済社会委員会
EU	European Union	欧州連合
GTZ	Deutsche Gesellschaft für Technische Zusammenarbeit	ドイツ技術協力公社
HDI	Human Development Index	人間開発指数
HIPCS	Heavily Indebted Poor Countries	重債務貧困国
IDA	International Development Association	国際開発協会
IDP	International Displaced Persons	国内避難民

INTERFET	International Force for East Timor	東ティモール国際軍
IMF	International Monetary Fund	国際通貨基金
ISAF	International Security Assistance Force	国際治安支援軍
IsDB	Islam Development Bank	イスラム開発銀行
JAM	Joint Assesment Mission	合同調査ミッション
JBIC	Japan Bank for International Cooperation	国際協力銀行
JDR	Japan Disaster Relief Team	国際緊急支援部隊
JICA	Japan International Cooperation Agency	国際協力機構
KfW	Kreditanstalt für Wiederaufbau	復興金融公庫
LTTE	Liberation Tigers of Tamil Eelam	タミル・イーラム解放の虎
MCA	Millennium Challenge Account	ミレニアム挑戦会計
MDG	Millennium Development Goals	ミレニアム開発目標
NATO	North Atlantic Treaty Organization	北大西洋条約機構
NEPAD	New Partnership for African Development	アフリカ開発のための新パートナーシップ
NGO	Non-Governmental Organizations	非政府組織
NPM	New Public Management	新公共経営論
NSP	National Solidarity Program	国家連帯プログラム
ODA	Official Development Assistance	政府開発援助
OECD	Organization of Economic Cooperation & Development	経済協力開発機構
PKF	Peace-keeping Forces	平和維持軍
PKO	Peace-keeping Operation	平和維持活動
PNA	Peace-building Needs Assessment	平和構築ニーズアセスメント
PRSP	Poverty Reduction Strategy Paper	貧困削減戦略報告書
PRT	Provincial Reconstruction Team	地域復興チーム
PSA	Public Services Agreement	公共サービス契約
QUIPS	Quick Impact Projects	クイック・インパクト・プロジェクト
SSR	Security Sector Reform	治安部門改革
UNDP	United Nations Development Program	国連開発計画
UNHCR	United Nations High Commissioner for Refugees	国連難民高等弁務官
UNICEF	United Nations Children's Fund	国連児童基金
UNTAC	United Nations Transitional Authority in Cambodia	国連カンボジア暫定統治機構
UNTAET	United Nations Transitional Administration in East Timor	国連東ティモール暫定行政機構
USAID	United States Agency for International Development	アメリカ国際開発庁

序　章
なぜ，平和構築か

再開発が進むニューヨーク世界貿易センタービル跡地（2007年2月，写真提供：筆者）

グランド・ゼロからの出発

　2003年，極寒のニューヨーク。空気も凍りつくような寒さのなか，超高層ビルが林立するマンハッタンのど真ん中に，異様で静寂な空間が広がっていた。グランド・ゼロと呼ばれるその空間は，2001年9月11日に破壊された世界貿易センタービルの廃墟である。跡地を取り囲むようにして置かれた，献花や写真の数々。寂寥感漂う廃墟を前に呆然と立ちつくす人々。それまで，私は9.11事件以降のアメリカの対外政策を批判的な目でみていた。しかし，この光景を前にその考えが一瞬揺らいだ。この言い知れぬ虚脱感は，かつて，広島，長崎を訪れたときに得たものと同様であった。なぜこのような暴挙が許されるのか。自分の命と引き換えに，貿易センタービルを倒壊させたテロリストたちが得たものは何か。宗教とは，アイデンティティとは，貧しさとは，戦争とは，平和とは。私は開発経済論を専攻する学徒のはしくれとして，それまで途上国の貧困や成長を研究していた。しかし，この理不尽極まりない現実を直視しつつ，平和と開発に関する根本的な問題を見据えることこそが，むしろ研究者が取り組むべき開発論の核心ではないかと考えるようになった。本書は開発経済論の立場から平和構築の問題について考察を進めてきた一研究者の論考の片鱗を書き綴ったものである。国際政治学を専攻としない筆者が紛争というきわめて政治的な事象にどのように取り組んできたのかを示したものであると同時に，事前の知識なしに読み進めることができる平和構築論の入門書である。本書をきっかけに，読者がより専門的な分野へと問題関心を深めることができれば幸いである。

　20世紀末，冷戦が崩壊して以降の国際社会では，旧ユーゴスラビア，カンボジア，東ティモール，スリランカ，ソマリア，シエラレオネといった，東西冷戦時代には周辺地域とみなされていた国々において勃発した内戦や軍事衝突に対して，国連など国際的枠組みを通じた解決策が曲がりなりにも模索されはじめていた。冷戦時代には事実上機能停止していた国連の平和維持機能に対する期待が高まっていた時期でもあった。
　ところが，9.11以降の国際社会はテロリスト集団という，それまで国際社会が全く想定していなかった新たな敵と闘うことを余儀なくされたのである。

アフガニスタン戦争は国家との戦いではなく，タリバン勢力の背後にある，アルカイダという国際テロ組織に対してむけられたものである，という意味で，従来の国同士の対立を前提とする戦争とは根本的に異なるものであった。「新しい戦争」(Kaldor 1999) が「古い戦争」と異なる点はほかにもあった。

これまでの戦争がイデオロギーや地政学上の利益を目的としていたとすれば，新しい戦争は，民族，部族，宗教といったアイデンティティに基づくもの——正確には，グローバル化の波に乗り，そうした守旧的アイデンティティを克服できる階層とそうでない階層の拡大による——であった。そして「新しい戦争」の主体は，テロ犯罪組織を含め，非軍事組織，軍閥，傭兵部隊であり，さらには，周辺のジャーナリスト，避難民，国際機関，NGO までが含まれる。

国連機構や国際法は「古い戦争」を前提とした体系である。国家に対しては，外交，経済制裁といった手段をもっていたものの，得体の知れない新たな敵，テロリストに対する有効な対抗手段は用意していなかった。そのことが，結果的に，国連を中心とする外交努力に頼るのではなく，軍事力でテロリストを制圧する以外にはないという思考，あるいは，限られた政策の選択肢しかないという考え方を広める遠因となった。

ポスト 9.11 の開発援助政策

9.11 以降の国際政治の構造変容は，開発経済政策の分野でも大きなパラダイム転換をもたらした。紛争やテロリズムの多くは開発途上地域と呼ばれる貧しい地域で起こっている。その「貧しさ」そのもの，あるいは富の分配メカニズムに紛争の発生をもたらす「根本原因」があるのではないか。国連開発計画 (UNDP) や世界銀行，さらには各国の援助機関で紛争の根本原因をめぐる模索がはじまった。テロリズムの発生メカニズムと貧困や不平等がどのように相関しているのか。途上国における制度，ガバナンス，法秩序の欠如が紛争を助長しているのではないか。そうした問題意識が世界の援助関係者のあいだで次第に共有されるようになってきた。それまで国連の安全保障関係者を中心に使われていた「平和構築」(peace-building) という言葉が，開発エコノミストの口から出るようになったのもこの頃である。ちなみに，アメリカの対外援助が日本を抜いて 10 数年ぶりに世界一に返り咲いたのも 9.11 以降のことである。

そうした動きに呼応するかのように，日本でも2003年には平和構築を重要な柱とする「政府開発援助大綱」を10年ぶりに刷新した。

冷戦時代，アメリカは同盟国に対して寛大な援助を供与し続けた。今や援助大国となった日本も，第二次大戦後の一時期，こうしたアメリカの援助の恩恵を受けて戦後復興したことはあまり知られていない。中国が1949年の革命により共産化し，朝鮮半島が南北に分断された当時の東アジア情勢にとって，日本から戦前型国家主義を排除し，アメリカ型の資本主義社会を構築することはアメリカの国益に合致するものであった。日本や西欧の復興後もアメリカは，アジア・アフリカ・中南米における親米政権を経済的，軍事的に支援し続けた。こうしてアメリカの援助は「戦略援助」と呼ばれるようになった。

戦後の援助史上，アメリカが戦略目的のない援助を実施したことはないといってよい。しかし，冷戦時代から冷戦崩壊後，そして9.11以降，戦略目的の大義名分は大きく変化してきた。マーシャルプランも日本の戦後復興も，共産主義の封じ込めという戦略目的達成のために行われた。ともあれ旧敵国のドイツ，イタリア，日本はアメリカ流の民主主義体制を受け入れ，戦後復興を成功させた。ベトナム戦争における敗北（1975年）は，アメリカの影響力の翳（かげ）りを象徴する出来事ではあったが，その後もアメリカは引き続き，開発途上国の親米政権を支援し，ソ連側から援助を受ける途上国と対峙し続けた。

ソビエト連邦の解体，東ヨーロッパの体制崩壊に象徴される冷戦崩壊後の10年間，アメリカの対外援助は劇的に減少した。その間の開発援助の中心命題は，市場経済への体制移行，情報技術の発達にともなうグローバリズムへの対応，環境問題・特に地球温暖化への取り組み，貧困撲滅を中心とする開発目標の調和化などであり，かならずしもアメリカの国際戦略上の優先順位と合致しなかったこと，さらにはアメリカ国民のなかでは国内経済の建て直し，社会改革など国内問題への関心がむしろ強まったことが援助額減少の背景にある。他方，湾岸戦争（1990～91年），ユーゴ内戦（1991～2000年），ルワンダ大虐殺（1993年）など，紛争は頻発したものの，これらは専（もっぱ）ら政治・軍事領域の問題であると考えられ，経済・開発領域の問題と関連づけて論じられることはあまりなかった。

しかし，ポスト9.11時代の開発援助政策は，アメリカの戦略援助の増大に

象徴されるように，従来から政治・軍事領域の問題として別個に考えられてきた紛争や平和構築の問題を，経済・社会領域の問題と不可分な関係として捉えたということにひとつの特徴が見て取れるのではなかろうか。つまり，経済的な手段である援助の供与によって，紛争経験国または紛争のリスクが高い国への体制改革を求め，そうした一連の体制改革を通じて，紛争の根本原因を除去しようという考え方があるように思われる。そこには，民主国家は戦争を起こさないという暗黙の了解がある。こうした**デモクラティック・ピース論**の考え方はかつてGHQ（連合軍総司令部）が日本の戦後占領でとった政策と類似している。しかし果たして軍事力を背景とした経済援助に，どれだけ本質的な体制改革力があり，それがどのように平和構築と結びついているのであろうか。そこに見られる戦略性はこれまでの戦略援助とどう違うのか。GHQ型の民主改革・平和構築は，いわば「勝者による平和構築」であり，かつて日本では成功したからといってアフガニスタンやイラクで成功するとは限らない。

本書の構成

本書を通じてこうした問題提起に開発経済論の立場からどのように応えるべきかについて方向性を示したい。これまで日本語で書かれた類書には政府・援助機関が実施する調査レポートの延長か，国際政治学者によって，体制・レジームといったマクロな視点で論じられたものか，あるいは現場経験者による見聞録といったものが多く，エコノミストの視点を踏まえた平和構築論は皆無であった。

本書は平和構築に関する「理論」（第1章），「政策」（第2章），「事例研究」（第3章・第4章）および「政策提言」（第5章）で構成されている。

第1章では，ポスト9.11の国際社会にとっての平和構築とは，軍事・治安の問題を超えた文化・政治・経済を包括する多面的な概念であるがゆえに，冷戦時代の戦略援助とは異なる新たな「援助性」が求められるが，その理論的支柱は何かを問う。特に，開発途上国の紛争の問題を国家制度の脆弱性の問題と捉え，国家の機能強化が必要であるとのフランシス・フクヤマの国家論をもとに，アメリカの新たな国際援助戦略の是非について考察する。他方，サミュエル・ハンティントンの文明の衝突論を紹介しつつ国際関係における文化的側

面の重要性について考察する。ハンティントンに真っ向から対立するのが，ノーベル経済学者・社会思想家のアマルティア・センであり，暴力はアイデンティティ同士の対立ではあるが，アイデンティティは文化や宗教といった一面で捉えられるべきではないと主張する。他方，世界銀行の政策研究部門を中心とする気鋭のエコノミストが，紛争と平和構築の問題をどのように取り上げているのかを整理する。特に，ポール・コリアを中心とする世銀エコノミストによる紛争の実証分析，要因分析を紹介する。他方，日本政府は途上国の安全保障は社会開発の問題と表裏一体であるとして，「人間の安全保障論」を主張し，援助を行ってきたがその理念がかならずしも明らかではなかった。この章では日本がこれまでかならずしも明確に打ち出してこなかった日本の戦略援助の理念の本質に迫る。

　第2章では，平和構築という政策目的を実現するために援助に従事する関係各機関がどのような政策的対応をとってきたのか，そのなかで日本の占める位置づけは何かを考察する。開発援助の世界では2000年に国連総会で採択されたミレニアム開発目標（Millennium Development Goals）を実現すべく，援助機関や先進国・途上国間で同じ政策目標を共有し，協調体制で援助を実施するようになってきている。そのなかで，平和構築をめぐる援助協調体制の政策的合意がどのように形成されてきたのかについて，主要援助国，特にアメリカ，国連機関・世銀さらに日本の事例を分析する。国際援助機関は平和構築を自分たちの援助スキームに当てはめようと狭く定義・分類し，その単純に図式化された平和構築のなかで平和構築プログラムを実施しているのではないかという批判も根強い。ここでは，個別具体的な平和構築事業の紹介ではなく，各機関が発行する政策文書・白書などを手がかりとして平和構築政策の立案過程の分析に焦点を当てる。

　第3章では，紛争を通じて国家の枠組みそのものが変更された事例であり，紛争後も国家統合の途上にある国の例としてアフガニスタンを取り上げる。ソ連軍が侵攻して以降のアフガニスタンは内戦を繰り返し，やがて国家としての求心力を失い，経済主体としても政治主体としてもきわめて脆弱な存在となった。ゆえに「失敗国家」（failed state）とか「脆弱国家」（fragile state）と呼称されるアフガニスタンのこれまでの紛争の歴史を振り返り，なぜ国際的な支援

が効力を持たなかったのかを探る。そして，9.11以降の国際支援が平和の構築と定着にどのように貢献してきたのかを検討し，現在進められている復興開発計画が定着していくための方策を提言する。

　第4章では，紛争における文化，帰属性，アイデンティティの問題をインドネシアから分離独立した東ティモールを例として取り上げる。東ティモールは，1970年代半ばにインドネシアに軍事的に併合されて以降，潜在的な分離独立運動を繰り返しつつも，軍事的に制圧され続けながら統治下におかれていた。インドネシアはもともと多数の民族から構成される「モザイク国家」であり，各地に分離独立運動の火種を抱えながらも，30年間の長期政権を敷いたスハルト大統領によるアメ（地方交付金）とムチ（軍事力）とを使い分けながら国としての統合を保ってきた。それが，東ティモールの独立とともに，アチェ，西パプアなどに分離独立の火種が飛び火している。インドネシアの統治以降の東ティモールを振り返り，多民族国家インドネシアの平和構築の特徴を明らかにする。東ティモールは国連による直接統治を経て，2003年に完全に独立した。長野県ほどの小国ながら，ポルトガル語，テトゥン語，英語，インドネシア語などの言葉が話されており，東ティモール国会は7カ国同時通訳付である。国連PKOが撤退した後の東ティモールは大方の危惧したとおり，治安が悪化し，2006年には暴動が発生した。旧勢力と新勢力の対立とも報じられる。その根本にはこの小国に複数のアイデンティティが存在し，対立していることが考えられる。その対立の原因を探り，今後の展望を議論する。

　第5章では，これまで「人間の安全保障論」に依拠してきた日本の援助戦略が今後どうあるべきかを検証し，政策提言を行う。理念なき援助といわれた日本が，9.11を経て，どのように変化してきたのか，それに対する政策的対応は妥当であったか。また平和構築を実現するための体制が整備されているのか，検証する。特に，借款という日本特有のスキームが平和構築に貢献しうるのか，2008年に予定されている行政機構改革（借款を担当する国際協力銀行と技術協力を担当する国際協力機構との合併）が日本の援助にどのような影響を及ぼしていくのかを検討する。

第1章
平和構築の理論

アマルティア・セン (1998年，写真提供：AFP＝時事)

1	平和構築論の変遷	11
2	脆弱国家論	23
3	経済学における紛争の問題	34
4	社会的アイデンティティの形成と衝突	40

本章で学ぶこと

　2001年9月11日。ニューヨークの世界貿易センタービルが崩壊する姿が全世界にテレビ中継された。崩壊直前の建物から逃げ惑う人々，逃げ場を失い，窓から次々と飛び降りる人々，崩壊した建物を前に呆然と立ちすくむ群集。しかし，同時にカメラはバグダットやイスラマバードの街中でアメリカ資本主義の象徴が倒壊する姿に狂喜乱舞する若者の姿もとらえていた。かれらは口々に「ジハード」（聖戦）を叫んでいた。記者会見に臨んだアメリカのブッシュ大統領は「われわれの側につくか，テロリストの側につくか」と国際社会に訴え，テロに対する戦争を開始した。その後のアフガニスタン，イラクに対する軍事攻撃はすべてここにはじまったのである。それは混沌とした新たな時代への幕開けであった。

　混沌の時代にあって，どのように「平和を構築」するかという問題は，21世紀初頭の世界中の一大関心事となった。特に経済開発を学ぼうとする場合には避けて通れない問題である。そもそも平和構築とは何か。また，経済開発とどのように関連づけられてきたのかという根本的な問題に答えていかなければならない。

　本章はこうした問題認識をもとに，従来別々の学問体系として考えられてきた平和構築論と経済開発論の接近を試みる。第1節では冷戦崩壊以降，国連を中心とする国際機関や諸外国の援助機関において平和構築論がどのような系譜をたどって発展してきたのかを概観する。第2節では紛争経験国の治安の安定にもっとも根源的な意味合いを持つ「法の統治」から捉えた平和構築論の考え方を整理する。さらに，法の統治を具体化する装置としての「国家」に焦点を当て，多くの開発途上国にとって，戦後復興は，すなわち国家再建の問題と直結する問題であることを提示する。第3節では，紛争の発生と予防に関して，開発経済学の立場ではどのように捉えられてきたのかを概観する。第4節では，「イスラム国家」対「西欧キリスト教国家」などの図式化に示されるように，国家や宗教，民族などの集団に対する「帰属意識」すなわち**アイデンティティ**（identity）が衝突を起こす誘因となっているという考え方の功罪を論ずる。

1
平和構築論の変遷

国連を中心とする概念の変遷

「平和構築」という概念の萌芽は，東西冷戦終結直後の国際社会が湾岸戦争やボスニア紛争などの地域紛争に代表されるような混沌とした状況のなかで，国際社会が新たな秩序を模索し始めた時期である。1992年，当時のブトロス・ガリ国連事務総長が国連安保理報告「平和への課題」のなかで「紛争後の平和構築」（post-conflict peace-building）という概念を提示して以降，広く一般に議論されるようになったものである。

> 平和創造と平和維持の活動が真に成功を収めるためには，平和を強化して人々の信頼と幸福感を育むのに必要な仕組みを確認し，これを支えるための包括的な努力もそれに含まれる必要がある。内乱終結の合意によって定められるこれらの努力には，それまで戦っていた当事者の武装解除，秩序の回復，兵器の管理および可能ならばその破棄，難民の送還，治安維持要員用の諮問および訓練面での援助，選挙の監視，人権擁護努力の強化，政府機関の改革あるいは強化，公式および非公式の政治参加過程の促進，などが含まれる。
>
> 国家間の戦争後における**平和構築**は，経済的，社会的開発に貢献するばかりか平和の根元である信頼も強化するような相互に恩恵をもたらす計画で2カ国あるいはそれ以上の諸国を結びつける，具体的な共同プロジェクトの形式をとることもできる。……平和のための努力はさまざまだが，新たな環境の建設をめざす平和構築という概念はそのなかでも特に，平和の条件の崩壊防止を目的とする予防外交と対をなすものと考える必要がある。

ガリの貢献は，それまで国連の機能として想定していた，**予防外交**（preventive diplomacy），**平和創造**（peace making），**平和維持**（peace-keeping）に加えて，平和構築を国連の新たな機能として位置づけたことである。ガリ報告当初のこれらの概念はつぎのようなものであった（外務省 2005）（図1）。

図1　平和構築の位置づけ

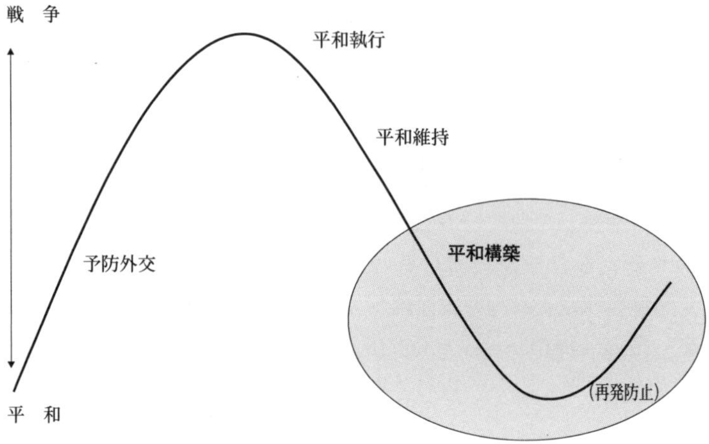

戦争／平和
予防外交
平和執行
平和維持
平和構築
(再発防止)

出典：Lund (1996) をもとに筆者作成

予防外交：争議の発生を予防し，既存の争議が紛争にエスカレートすることを予防し，紛争が発生した際には，紛争が拡大することを予防するための取り組み。

平和創造：原則的に国連憲章第6章で想定される平和的な手段によって敵対する当事者に合意をもたらすための取り組み。

平和維持：国連ミッションの現地への展開。すべての当事者の合意を受けて展開し，通常，国連の軍事部隊または警察部隊より構成され，頻繁に民生部門の職員も含む。平和維持は，紛争予防と平和創造の双方の可能性を拡大するための技術である。

平和構築：紛争が再発することを避けるために平和を強化し，強固にするための構造を特定し，それを支援するための取り組み。

その後，紛争の「事後的対処」という意味での平和構築から，冷戦の終結後に勃発する紛争の要因をつきとめ，さらに「事前防止」を行うことに国際的な問題関心が向けられるようになり，「予防」などの観点から貧困・不平等とい

った諸問題に焦点が当てられるようになった。後述するように，ドナー（donor：援助供与国・機関）側が1990年代に平和構築の問題に関与しはじめたのはこうした背景がある。

その後，ガリは国連の平和構築の概念をさらに整理し，1995年「平和への課題・補足」を発表した。それによれば，平和構築は非武装化，小型兵器の管理，制度的改革，警察・司法制度の改革，人権の監視，選挙改革，および社会・経済開発を含む概念であり，その範囲は紛争後に限定せず，ある意味紛争の予防にも貢献するという考え方である。すなわち，紛争の根本原因を正すことにより，平和の状態を恒常化させ，いわば「紛争を非制度化」する政策と理解されるようになった。

さらに，2000年8月，国連ミレニアム・サミットの直前に『国連平和活動に関する委員会報告』(Report of the Panel on United Nations Peace Operations, 一般にパネルの委員長であったラクダール・ブラヒミ元アルジェリア外相の名をとって『ブラヒミ・レポート』と呼ばれる）を発表し，そのなかで『平和への課題』で示された諸概念について再整理・定義を行った。すなわち，紛争予防と平和創造，平和維持，平和構築それぞれの相互関係に着目し，それらを「平和活動」(peace operations) という概念で統合的に捉えている。このなかで平和構築は，「平和の基礎を再生し，単なる戦争のない状態以上のものを作り上げるための活動」と表現され，「戦闘員の市民社会への再統合，警察・司法制度の訓練などを通じた法の支配の強化，人権の尊重の監視，過去または現存する人権侵害の捜査，選挙協力や自由なメディアの支援を含む民主化支援，紛争解決・和解の促進」などの広範な活動を含むものとして位置づけられた。

2006年6月，国連は「平和構築委員会」(Peacebuilding Commission) を発足させた。同委員会は国連総会および安全保障理事会の双方に対して報告義務を有する，国連としては新しいタイプの組織である。その任務は①紛争後の平和構築と復興のための包括的な戦略に関して国連の全関係機関に対して助言を行う，②紛争からの回復に必要とされる復興および制度構築に焦点を当て，持続的な開発の基盤を整備するための戦略を支援する，③国連内の全関係機関間の調整を行い，ベスト・プラクティスを構築し，初期の復興活動に資金的支援を供与し，戦後復興のための国際社会による支援を必要なだけ延長する，以上

の3点を目的としている。平和構築委員会は安全保障理事会構成国，国連の上位資金提供国などを中心に31カ国の代表および世銀，IMF（国際通貨基金），および関係国連機関代表などからなる委員会であり，実際に活動が本格化すれば国連の平和構築活動において画期的な意味を帯びてくるであろう。

　アンゴラ出身のマーティン委員長は平和構築についてつぎのように定義している。「平和構築とは紛争の罠から人々を解放し，持続的開発のための基盤を整備することである」。平和構築と開発は不可分なものとしてあらためて認知されたことを意味する。しかし，実際には，平和構築や開発の意味合いは，国連の関係機関，たとえばUNHCR（国連難民高等弁務官），UNDP（国連開発計画），世界銀行等のあいだには依然概念の混乱がみられ，さらに各機関にとって都合のよい「平和構築」活動がともすれば無調整に行われがちである。平和構築委員会はこうした組織間の認識のずれを是正し，平和構築活動において必要なときに必要な機関が活動・連携できるように，関係機関の調整を行うことを目的のひとつとしている。

　国連は当初，国家間の紛争や対立の障害を取り除くため，集団安全保障を具体化するための機関として発足した。しかし，紛争の性質が国境や民族を超えたあらゆるレベルに浸透してくると，国内問題に立ち入らざるをえなくなる。ラセット（1999）が特徴づけるように，

　　国連創設時には，集団安全保障という新しい制度によって「現実主義」（リアリズム）路線が追求されていたが，それにもかかわらず，国連は実質的に「自由主義的国際主義」（リベラル・インターナショナリズム）的プロジェクトであったといえる。すなわち，イマニュエル・カントの論文『永久平和のために』のヴィジョンを反映していたということである。このヴィジョンは経験にもとづいていながらかつ倫理的に構想された全体論的なものであり，単に国家や集団の自己利益だけを出発点としているわけではない。この構想は――1995年に200周年記念を迎えたわけだが――平和というものを，自由主義的政治制度，経済的相互依存のネットワーク，国際法および国際制度の堅固な鼎の上に成り立つものだと位置づけている。そしてこの見方が反映されたものが，たとえば，ブレトンウッズ金融体制，UNDP，人権委員会および人権センター，国際司法裁判所といったものである。また，これは現代的な用語でいえば「人間の安全保障」という関連を含ん

でおり，政治的・社会的および経済的な広範な人権概念に重きを置いている。

援助コミュニティを中心とする議論の変遷

主要ドナーのなかで，平和構築をかならずしも紛争後に限定せず，早くから開発援助全般の問題として捉えたドナーはカナダであった。1996年に公表された「カナダ平和構築イニシアティブ」において，カナダは平和構築を「国家内部の平和の可能性を高め，武力対立の可能性を低めるための努力」と広範に捉え，その全般的な目的を「ある社会において暴力を用いずに紛争を管理する内的な努力を強化すること」と規定した。カナダはまた，平和構築概念を**人間の安全保障**（human security）という文脈でも捉えている。すなわち，「平和構築の目的は，人間の安全保障を構築することであり，この概念の実現には民主的なガバナンス，人権，法の支配，持続可能な開発，資源への平等なアクセス，環境安全保障の実現が含まれる」と指摘している。なお，こうした考え方は人間の安全保障委員会によって2003年に発表された報告書にも引き継がれている。

ノルウェーに本部を置く国際平和研究所の発表によれば，第二次世界大戦が終結した後，1946〜2004年までに約1800にのぼる紛争が発生しているが，そのうち1990年以降に限定した場合約600件なので，冷戦終結後の15年間だけで，冷戦終結前の40数年間と比較して約2倍の頻度で紛争が発生している計算になる（図2）。

図2からも明らかなように，紛争の大半は国内紛争である。そのほぼすべてが開発途上国で発生している。UNDP（2005）の「人間開発報告書」によれば，人間開発指数（HDI）の最下位10カ国中，9カ国が1990年以来，なんらかのかたちで紛争を経験している。また，ひとり当たり所得水準が年間250ドルの国は，所得水準が600ドルの国と比較して，内戦に巻き込まれる確率が2倍以上である，と報告されている。このように，現代の紛争と平和構築の問題は，開発の問題と直結しているのである。世界の主要な援助機関が，紛争の問題を取り上げはじめたのもある意味では当然であり，むしろ遅すぎる感があった。しかし，平和構築に対する考え方の違いはすでにドナー間で開きはじめていた。

図2 紛争発生件数および形態別内訳

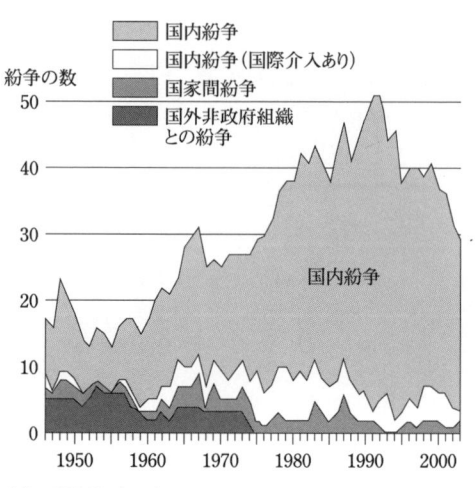

凡例：
- 国内紛争
- 国内紛争（国際介入あり）
- 国家間紛争
- 国外非政府組織との紛争

出典：UNDP (2005)

　フランスのパリに本拠を置く経済協力開発機構・開発援助委員会（OECD/DAC）はこれまで国際援助コミュニティの世論形成の場を提供してきた。DACは下部組織として，援助効果，統計，評価，貧困削減，紛争・平和・開発，ガバナンス，脆弱国家，環境，ジェンダーのグループに分かれており，それぞれの分野のガイドライン作りをドナーと協力しながら行ってきた。

　平和構築については，1997年に『紛争，平和，開発協力に関するDACガイドライン』を発表し，紛争予防・平和構築のための開発援助のあり方について指針を示した。ガイドラインは，「開発援助は，国際社会が利用可能な経済的，社会的，法的，環境的，軍事的な手段とともに，紛争予防と平和構築のために独自の役割を果たさなければならない」と述べている。また，開発援助においても紛争の要因などに配慮すること，開発援助も紛争予防や平和構築において一定の役割を果たすべきことを示した。その後，DACは，2001年に，1997年のガイドラインを補完するものとして，『紛争予防支援のためのDACガイドライン』を発表した。新ガイドラインは，紛争予防を政策のなかで**主流化**（中心的課題として取り入れていくこと）していくこと，安全保障と開発の関係を考慮することなど，新たな課題も取り上げた。

図3 平和構築の構成要因

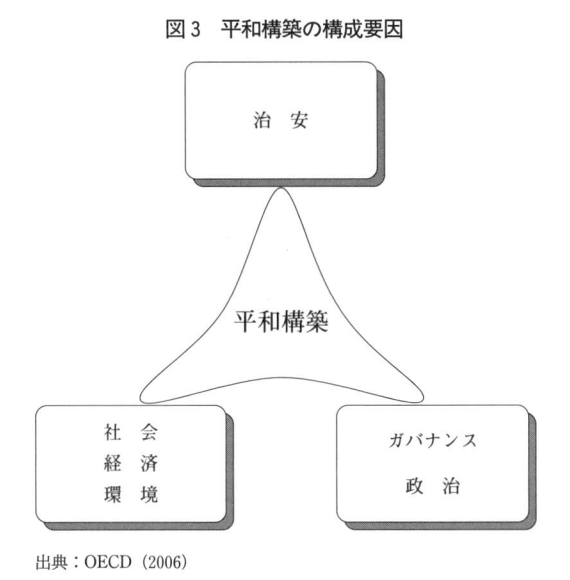

```
         ┌─────────┐
         │  治 安  │
         └────┬────┘
              │
           平和構築
          ╱       ╲
┌─────────┐     ┌─────────┐
│ 社 会   │     │ガバナンス│
│ 経 済   │     │ 政 治   │
│ 環 境   │     │         │
└─────────┘     └─────────┘
```

出典：OECD (2006)

　2005年にDACは『平和構築を主流化する』と題する報告書のなかで，平和構築を単に紛争後の対応に限定したものではなく，「紛争を予防し，平和を持続させるための紛争前・中・後に行われる諸政策」と定義し，予防外交，平和創造，平和維持等，紛争の前から後にかけての一連の政策を補完するものであると捉えている。平和構築はもともと紛争終結後の人道支援活動，経済社会活動全般を指す概念として国連を中心に捉えられてきたが，その後，平和構築は紛争終結後に限定するべきではないとする考え方が主流を占めるようになったことを反映している。さらにこの報告書のなかで，平和構築は「治安の側面」「ガバナンスおよび政治の側面」「社会，経済，環境の側面」の多様な側面を持つ概念として捉えており，それぞれが異なる活動範囲を想定している（図3）。

　治安の側面（Security Dimension）：旧兵士の武装解除，動員解除，社会再統合（Disarmament, Demobilization, Reintegrationの頭文字をとってDDRと呼ばれる），地雷撤去，小型武器の管理，シビリアン・コントロール（文民統制）などを中心とする治安制度改革

ガバナンスおよび政治の側面（Governance and the Political Dimension）：政治・行政組織への支援，和解・和平の促進，グッド・ガバナンス（良い統治）・民主化・人権の促進，市民社会（メディアを含む）への支援，法的措置・真相究明委員会の設立

社会，経済，環境の側面（Social, Economic and Environmental Dimension）：難民・国内避難民（IDP：Internally Displaced People）の帰還，経済・社会インフラの再建，民間部門・雇用・投資の促進，環境・資源管理分野における支援

この3要因がお互いに関連しながら，平和構築を形成しているのである。

Column 1 **DDR**

DDRとはDisarmament, Demobilization, Reintegration（武装解除，動員解除，社会再統合）の略であり，元戦闘員から武器を提出してもらい，軍事的組織（軍隊）から離れて，非武装の市民として，社会で市民としての生活を送れるような，職業訓練などを施すことである。日本は，アフガニスタンのDDRを支援する中心的ドナーとなり，伊勢崎賢治氏（東京外国語大学大学院教授）が陣頭指揮にあたった。武装解除，動員解除された元兵士が，市民社会に復帰していくためには，職業訓練などを充実させることはもちろんのこと，DDが完全に実施されることが必要である。そのためには，SSR（Security Sector Reform）と呼ばれる治安部門改革（軍事機構・警察機構の改革）という制度改革が成功する必要がある。治安が不安定なまま，Rだけ進めてしまっても，再び武装化してしまう懸念がある。

最近のDACの議論では，平和構築と国家の脆弱性の関連性に注目をしたものが多い。ちなみに，DACはつぎのような支援の原則を提示している。①国ごとの異なった状況を支援政策のなかに取り込み，政治分析，ガバナンス分析などを行うこと，②事後的対応ではなく，予防へと重点を置きリスク分析，脆弱性の要因分析などを行うこと，③長期的視野で国家建設に焦点を当てること，④現地の優先順位の尊重と連携を行うこと，⑤経済・開発の課題と政治・安全保障の課題を統合された計画の枠組みのなかに組み込むこと，⑥ドナー間の政策の**調和化**（harmonization）を追求すること，⑦対象国のさまざまな国内主

アフガニスタン・クルダックでの武器回収作業（2003年，写真提供：伊勢崎賢治氏）

体へのドナー間の関与の仕方の整合性をとること，⑧国内経済社会への悪影響を排除すること，⑨多様な援助手段と**援助モダリティ**（有償・無償などの違いによる援助形態）の適切な融合を行うこと，⑩迅速かつ柔軟性を持って対応すること，⑪能力開発には少なくとも10年かかることを認識し，長期にわたって関与すること，⑫ドナーの都合による援助の過度の変動を避けることである。これらの原則は平和構築支援のガイドラインとなっている。

援助モダリティによる平和構築論の相違

平和構築が治安の側面と直結する問題であることは言うまでもないが，開発経済論にとっての問題関心の中心はむしろ平和構築の制度的側面および経済的側面である。また平和構築の非軍事的側面に光を当てることにより，紛争の根本原因に対する非軍事的な政策介入（経済援助など）の方向性が明らかになる場合もある。事実，日本の援助機関の問題関心は治安以外の側面に向けられてきた。たとえば，技術協力を中心とする**国際協力機構**（JICA）は2000年前後から，平和構築の概念整理や活動の方向性を探るための政策研究を行っていたが，その問題関心は「人間の安全保障論」であった（JICA 2001）。それらの研究成果は2003年の「新ODA大綱」のなかでも取り入れられ，重点課題のひとつともなっている。「新ODA大綱」では，「予防や紛争下の緊急人道支援と

ともに，紛争の終結を促進するための支援から，紛争終結後の平和の定着や国づくりのための支援まで，状況の推移に沿って平和構築のための二国間および多国間援助を継ぎ目なく機動的に行う」という方針を明らかにし，平和構築を包括的な視点から，かつ継ぎ目なく行うべきものとして捉えている。**円借款**を担う**国際協力銀行**（JBIC）においても 2005 年に改訂・公表された「海外経済協力業務実施方針」において，平和構築支援を重点分野のひとつとして位置づけている（JBIC 2005）。

ところで，有償資金協力，すなわち，円借款の世界では平和構築はどのように位置づけられているのだろうか。これまで平和構築の分野は受入国の返済能力の問題もあり，返済義務を課さない無償資金協力が大多数を占めていた。しかし，イラクのように石油資源などの外貨獲得源が確保されている国においては，円借款も供与されている。円借款事業による平和構築プロジェクトは大規模で，国家全体に影響を与えることができる「面的広がり」を持つものが多い。また，返済義務を課すために，電力や都市インフラなど収益性が高い事業が選ばれる傾向がある。

ここで考えるべきこととして，援助モダリティによって平和構築に対するアプローチが異なるということは，平和構築がそれぞれの援助機関が持つ支援形態に合わせるかたちで理解されていることを示している。つまり同じ平和構築という名の下で支援を行っていたとしても，それは人道支援機関（たとえば UNHCR）や非政府組織（NGO），国際金融機関，技術支援機関がそれぞれ異なる意味で使っているということである。そのこと自体は問題視すべきではないのかも知れないが，問題は，各機関による支援の整合性に配慮することなしに行われるため，援助の実施時期や目的とのあいだにズレが生じ，結果として十分な支援効果が発揮できない事態が生ずる可能性である。

援助協調（aid coordination）という言葉がある。これはある特定の援助分野について，援助を供与する側の関係機関がお互いの比較優位を活かしながら，協力して支援していこうとするものである。平和構築の分野でもこれまで，カンボジア，東ティモール，アフガニスタン，イラクの支援を実施する際に，**支援国会合**（donor meeting）が開催され，援助協調が行われてきた。しかし，こうした会合も国や分野によっては政策協調の場というよりも，**プレッジング・**

セッション（pledging session，いち早く援助を行うことを支援国が国際的に表明する場）という援助競争の場として機能してきた面は否めない。もし，政策協調の枠組みが機能しないと，政策上の重複が生じたり，政策間の矛盾が生じたりしてしまうこととなる。平和構築の分野では特に，難民対策などを中心とする人道支援が先行し，その後の中長期的な開発とのあいだに時間的な**ギャップ**（gap）が生じてしまうことが問題となっている。さらには，支援が特定の地域に集中してしまえば，地域的な**ギャップ**が生ずることとなる。援助協調のメリットはこうした空間的・時間的なギャップを最小化し，**継ぎ目のない支援**（seamless aid）を実現することである。

　近年，開発援助の世界では「貧困削減戦略ペーパー」（英語の Poverty Reduction Strategy Paper の頭文字をとって通称 PRSP）をめぐって援助協調や**援助手続きの調和化**が行われている。紛争経験国，たとえばカンボジア，コンゴ民主共和国，シエラレオネ，東ティモール，アフガニスタンといった国でも策定されてきている。他方，2006 年末現在，スーダン，アンゴラといった国ではさまざまな理由によって，援助協調が進まず，その結果，PRSP の策定は進んでいない。

　そうしたなか，近年の援助協調や調和化をめぐる国際的なコンセンサスや議論の焦点がそのまま集中的に適用された紛争経験国はアフガニスタンであった。第 3 章のアフガニスタン事例研究のなかでさらに考察していくこととするが，アフガニスタンの場合の特殊性は，日本を含め国際社会が一丸となってアフガニスタンの復興に取り組んだこともさることながら，アフガニスタン側の**オーナーシップ**（自主性・自助努力）をあげることができよう。いずれにしても，国際社会が PRSP 策定国で培った援助協調・調和化のノウハウは，アフガニスタンのような紛争経験国でも活かすことができるはずであり，アフガニスタン支援は平和構築支援全体にとってのまさに試金石とも位置づけることができよう。

ファンジビリティと公共支出管理

　援助協調の問題は公共支出管理と密接に関連する問題である。1990 年後半，世銀をはじめとする国際援助機関の実施するプロジェクトの効果に対して，厳

しい目が向けられた時期があった。それは1980年代のアフリカに対する政策改善を目指した、いわゆる「構造調整政策」が、結果としてほとんど改善をもたらさなかったからである。経済成長も停滞し、貧困が悪化し、対外債務は増えていく一方で、アフリカ諸国の大半は腐敗し、汚職が蔓延したまま、ガバナンスとは程遠い状況に陥った。

構造調整型支援が破綻した原因として、ドナー側の求める政策改善と被援助国側の思惑にずれが生じており、それが援助資金の運用を非効率にしているという指摘があった。これはいわゆる援助資金の**ファンジビリティ**（fungibility, 流用可能性）の問題として考えられている。つまり、ドナーは教育・保健分野を支援したいと思っているにもかかわらず、被援助国が道路を整備したいと考えている場合には、1ドルの教育・保健分野の資金援助が1ドルの教育・保健分野の公共支出とはならずに、ドナー側の意図と全くことなる分野、たとえば道路の公共支出を増やしてしまうということである。ファンジビリティの存在は、援助資金の効率性に大きな疑問を投げかけるものであった。

平和構築の分野でもファンジビリティは特別な意味を持つ。それは民生部門に向けられた資金が軍事部門に流用される可能性があるからである。食糧援助によってできた余剰資金が兵力増強に使用され、あるいは、教育水準を向上させようとして学校建設のために供与された援助によって生じた余剰資金が流用されて、結局、武器の購入資金になってしまっては、平和構築にとっては逆効果になりかねない。もし、被援助国が北朝鮮やミャンマーのような独裁国家であれば、体制存続のために援助資金が使われる可能性が高く、ドナー側が期待する経済開発は実現しえない。

ファンジビリティの負の側面を回避する方法として、世銀は従来、公共サービスが効果的に行きわたることができるように、制度を強化すること、そのために、援助供与の前提として公共支出全体の効率性をチェックしなければいけないと主張してきた（World Bank 1998）。具体的には、複数のドナーが政策協調を行い、公共支出を管理するという方法である。

筆者は公共支出管理を中心とする政策協調の有無とファンジビリティの相関関係について調べるため、1980～2000年のアフリカ10カ国（ボツワナ、ブルキナ・ファソ、カメルーン、エチオピア、ガーナ、ケニア、レソト、モーリシャス、

ザンビア、ジンバブエ）の公共支出データを用いて計量分析を行った（大門 2001）。その結果、エネルギー・農業セクターに対する1ドルの援助資金は、約1.1ドルの追加的防衛予算支出をもたらす、つまりファンジビリティの可能性があることを示唆した。アフリカ諸国の内戦への支出を援助国側が資金援助したといっても決して極論ではない。また、保健・教育分野におけるファンジビリティは比較的低いことも検証された。他方、公共支出管理を中心とする援助協調型の援助は、防衛予算と負の相関関係があることが確認された。つまり、ファンジビリティの負の影響を軽減することができるということである。つまり、ファンジビリティを軽減するためには、政策協調が有効であるということが明らかになった。

アフガニスタンや東ティモールなどのポスト・コンフリクト国において、PRSP型の援助協調が行われていることも、公共支出管理とファンジビリティの観点からは自然の流れである。しかし、ドナーが考える支援の優先順位と、受け入れ側の考える優先順位のギャップはどうしても生じてしまう。そこであえて公共支出を管理すべきと考えるのか、受け入れ側の意思を尊重して過度な管理を行わないのがよいのか、考え方が分かれてくる。

世銀は『世界開発報告2000/01年──貧困と対峙する』のなかで援助資金の使途を一切限定しない**コモン・プール**（common pool）**方式**を提唱した。この資金管理を完全に途上国側にまかせる方法はファンジビリティを軽減する究極の手段として、世銀やイギリス、北欧諸国などの一定の賛同を得たものの、日本やアメリカの反対にあって実現はしなかった。しかし、援助の考え方において、受け入れ側の住民の意思をまず反映すべきであるという国際的な合意を形成することに成功した。

2
脆弱国家論

脆弱国家論

開発途上国のなかでも特に低所得国では紛争の頻度が高い。経済開発の水準が低いことが、そのまま直接的に紛争の原因になるかについては、見方によっ

て議論が分かれるところではある。がしかし，低開発諸国において紛争が終結せず，いったん終結した紛争が再発してしまう可能性が高い理由としては，国家制度としての基盤が脆弱で，治安を維持する能力を持たないからであるという考え方が主要ドナーのあいだでコンセンサスを得ている。こうした国は**脆弱国家**（fragile states）または**失敗国家**（failed states）と呼ばれている。ちなみに，世界銀行は，脆弱国家の状況を4つのタイプに分類している。

脆弱な移行国（Fragile transition）：紛争終結から復興開発に移行中の国であり，多くの紛争後の国がこの範疇に入る（たとえばアフガニスタン，東ティモール，ルワンダ，ハイチなど）。

状況改善途上国（Gradual improvers）：紛争経験国のなかで，比較的順調に安定的開発に向かいつつあるものの，引き続きガバナンス・制度の面で脆弱性をかかえている国（たとえばカンボジア，ナイジェリアなど）。

政治的危機継続国（Prolonged political crisis）：政治的危機が継続し，紛争の可能性をつねにかかえ，安定的な開発計画の実施が制約されている国，あるいは独裁的な政権で国際社会から孤立している国（たとえばミャンマー，ジンバブエ，北朝鮮など）。

政治社会状況悪化国（Deterioration）：国内の反政府闘争の激化や，クーデター，中央政府による反政府勢力の弾圧などにより，政治・治安情勢が急速に悪化し，正常な開発計画の実施が困難になった国（たとえばネパール，スーダンなど）。

フランシス・フクヤマは『国家建設――21世紀におけるガバナンスおよび世界秩序』（2004年）において，脆弱国家論はベルリンの壁崩壊から9.11事件発生までと，9.11事件発生以降において質的な変化を遂げたとしている（Fukuyama 2004）。9.11事件発生までは，国家の脆弱性はサブサハラ・アフリカ地域を中心とする，経済開発に直結する問題として捉えられてきた。脆弱国家における汚職，不正，部族間対立などの問題は適切な規模の援助を供与し，制度を構築することによって立て直すことができると考えられた。1990年代の大半にわたり，世界銀行やIMFを中心とする開発資金援助の多くが，主とし

てアフリカ諸国の制度強化を目指したのもそのためである。しかし，目指した政策目標である制度強化がどの程度実現し，脆弱性の低下に寄与したかについては論者によって議論が分かれるところである。

いずれにせよ，9.11事件以降の脆弱国家論は国家の存立基盤や正当性に焦点が当てられることになった。フクヤマ（前掲書，p. 93）が指摘するとおり，

　9.11事件はこれまでとはまったく別の問題を提起した。失敗国家アフガニスタンはあまりにも脆弱だったので，非国家アクター（テロリスト組織アルカイダ）に事実上乗っ取られ，国際テロ活動の基地となったのである。過激なイスラム主義が大量破壊兵器と結びつくことにより，遠くの混沌とした世界で起こったことがアメリカやほかの先進国にとって大きな意味を持つことを，一連のテロ攻撃はいみじくも示したのだった。伝統的な抑止力や封じ込め政策はなんら意味を持たなくなったため，新たな安全保障の考え方では，国家内部にまで関与することで，2度と脅威にならない政権に変貌させる必要性が強調された。

現に，9.11以降のアメリカの対外政策はアフガニスタン戦争以降，イラク戦争と突き進み，フクヤマのいうアメリカにとって「2度と脅威にならない政権」づくりを行ってきた。しかし，そうした一連の対外政策がどの程度実際に功を奏したのかは歴史的な検証を待たねばなるまい。また，イラク戦争をめぐっては積極的に推進をしようとするアメリカと反対するヨーロッパ諸国，特にフランス，ドイツとのあいだで国連安全保障理事会の席上で熾烈な論争を展開したが，一言で言えば「ワシントンがイラクに『レジーム・チェンジ』（体制変革）を強制し，大量破壊兵器を除去するための攻撃」（フクヤマ）を是とするか否かの対立であった。

アメリカとヨーロッパのあいだの対立は単に，外交上の路線選択という次元にとどまらず，国民国家（nation-state）をめぐる考え方の根本的な相違を反映したものと考えることができる。ヨーロッパにおいては，国民国家は人為的につくられるものではなく，歴史的，文化的，民族的な共同体として理解される国民（nation）と，革命，戦争などを通じて形成される国家（state）の連合体として徐々にできあがるものである。それに対して，建国以来，アメリカで

は異なる歴史，文化，民族の集合体が憲法をはじめとする共通の法体系・価値観を共有することによって，「アメリカ国民」がいわば人為的につくられてきた。近年，市場の優位性を掲げ，国家の介入を排除する**新自由主義**（libertarianism）が保守層の一定の支持を得るようになるとこうした人為的につくられたアメリカ国民の連帯性が揺らぐようになったが，9.11以降の**新保守主義**（neo-conservatism），ないしは一種の**戦時ナショナリズム**（war nationalism）によって一層の連帯性強化が行われるようになる。国際開発に影響力のある世界銀行をはじめとする国際金融機関やNGOの多くも，一定の資源投入によってあたかも国民国家を創造することが可能であるとしてさまざまな支援を行ってきた。

　フクヤマによれば国際開発にとっての国民国家創造は3つの段階に分けることができるとしている。それらは，第1段階は，「ポスト・コンフリクト型」と呼ばれるもので，アフガニスタンやソマリア，コソボのように国家が事実上「消滅」してしまい，ゼロから再建する段階である。第2段階は，外的支援が終了後も自立して国家運営を行っていく段階であり，多くの国にとって達成が難しい。第3段階は，国家の基盤は存在しているものの，必要な機能を行使するまでの能力が強化されていない段階であり，紛争の有無に関係なく，制度基盤が脆弱なアフリカ諸国，中南米諸国に多くみられるとしている。その意味で，無からスタートしたタリバン後のアフガニスタンと，サダム・フセイン政権下の制度インフラ，あるいは負の遺産を抱えたまま再出発したイラクとでは国民創造の段階がまったく異なるとしている。イラクの場合は，戦後のドイツ，日本，あるいは冷戦後の東欧諸国とある意味で状況が類似しており，旧勢力の台頭を防止するということが国民国家の創造にとってより重要な課題となっているのである。

制度構築論

　援助機関が開発途上国の「能力開発」（capacity building）の名のもとに実施してきた多くの支援が，実際には国家機能の低下をもたらしてきたとフクヤマは述べている。ソマリア，ハイチ，カンボジア，ボスニア，コソボ，東ティモール，いずれもその国民国家創造の失敗例であるとしている。経済開発にとっ

て必要なことは「制度構築」(institutional building)であり，制度が脆弱なままではどのような優れた政策であっても実現できない。フクヤマが言うように，経済開発にとって「大きな政府は必要としないが，限られた国家の機能を確実に実行できる強くて効果的な国」(前掲書，p. 130)が必要なのである。そして，強固な国を建設することは開発途上国にとってのみならず，現代の国際安全保障にとっても重要な問題である。

　脆弱な国家は国際秩序にとって脅威であった。かれらは紛争の原因であり，人権を無視した国であり，さらに先進国に侵入するテロリズムの温床であるからである。こうした脆弱国家に対してあらゆるかたちで国家建設への努力を行っていくことは国際安全保障にとって死活的に重要であるにもかかわらず，その方法を習得した先進国はほとんどない。

　しかし，世銀などの**国際金融機関** (IFI：International Financial Institutions)，援助機関，NGOが実施する制度構築・能力開発の効果は検証が必要である。これら国際ドナーは制度強化を標榜しているが，実のところ，援助を通じた「制度破壊」につながる可能性がある（図4）。援助効果を高め，住民に直接裨益を与えるために，現地NGOなどの地元の組織を活用する国際ドナーが多いが，それは結果として国家機能を弱体化・脆弱化させる可能性がある。つまり，ドナーが途上国のキャパシティ・ビルディングを行うという目的が達成されず，本来強化されるべき組織の能力が弱体化するのである。途上国の既存の組織に任せることにより，資金が本来の目的に使用されなかったり，非効率に使われるよりは，ODAの資金が無駄なく，住民に活用されるためにできるだけ直接事業を実施したいという考え方をとるために生じた問題である。

　制度強化については，日本の援助は従来，技術協力の枠組みで小規模の専門家派遣・人材育成のかたちで担当してきたが，より広範囲な制度改革を支援することを目的とした支援は有償・無償を問わず，あまり行われてこなかった。制度面での支援は日本の援助にとっての今後の課題であるが，近年，ベトナムのマクロ経済計画に関して日本が制度・基盤づくりにおいて大きな貢献をしたことは今後の教訓として特筆すべき事例である。ベトナムの事例は戦後復興の

図4 国際リソース投入と脆弱性

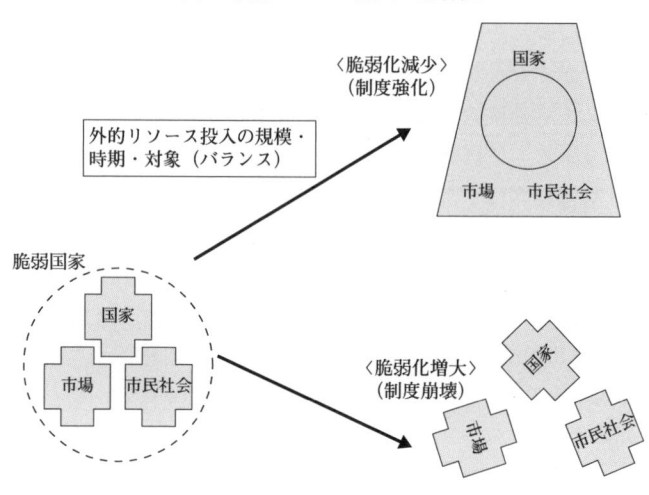

〈脆弱化減少〉
（制度強化）

外的リソース投入の規模・
時期・対象（バランス）

脆弱国家
　国家
　市場　市民社会

〈脆弱化増大〉
（制度崩壊）

出典：筆者作成

直接の事例ではないが，制度構築を通じた平和構築にとって示唆に富む事例である（Column 2参照）。

ここで，ODAがその治安にとって有効な制度構築のために何ができるのか考えたい。UNDP（2005）の『人間開発報告書』(Human Development Report：HDR) は，平和構築と治安についてつぎのような分析を行っている。

まず，冷戦終結後の15年間に世界は安全でない方向に向かっているとの認識を示し，治安の確立にとって，**ミレニアム開発目標**（MDG：Millennium Development Goals）に掲げられているような「人間の安全保障」が国際的に重要な政策課題であるとしている。つまり，治安（セキュリティ）への脅威とは戦争，内戦，テロリズム，組織的犯罪といった直接的な側面のみならず，「貧困」それ自体，あるいは貧困によりもたらされる惨禍，たとえば伝染病，飢餓，環境破壊が，暴力の直接・間接原因または結果となっているからである。もちろん，貧困と内戦の直接的な因果関係を厳密に証明することは難しいが，暴力は貧富の2極化，脆弱な制度，慢性的貧困に苛まれた社会に起こりやすいという一般的傾向があることは経験則である。したがって，「人間の安全保障

> *Column 2* ベトナムの制度構築に対する日本の支援
>
> 　ベトナムの PRSP に相当する CPRGS（Comprehensive Poverty Reduction and Growth Strategy：包括的貧困削減成長戦略）において日本は大規模インフラの役割を適切に評価すべきであるとの提言を行った。実証的調査を行い，つぎの改定で反映させればよいとする世界銀行に対し，日本は，政策研究大学院大学へ大規模インフラ，経済成長，貧困削減に関わる調査を依頼，2003 年 9 月のハノイにおける「成長と貧困のためのインフラ開発」ワークショップへ提出した。こうした議論の結果，2003 年 11 月，CPRGS に大規模インフラに関する新しい章が追加された。
>
> 　従来，貧困削減戦略をめぐる政策協議において世銀・イギリスなどのドナーが中心的な役割を果たしていたが，ベトナムは政策・制度改革に日本が影響力を及ぼした希有（けう）な例である。こうした事例を重ねることにより，日本が途上国の制度強化に資する有効な援助を実施することができよう。
>
> 　ベトナムの事例はそのまま平和構築の事例にはつながらないが，平和構築にとって紛争を招かない社会経済制度・基盤づくりを行うという観点から，さらには政策協調により制度改革に成果をあげるという点においては重要な示唆を得ることができると考えられる。
>
> 　なお，対アフガニスタン・ベルリン支援国会合における開発指標作りで国家開発計画の項目に「経済成長」の観点を入れるように日本が主張し，これをガーニ財務大臣も認め，文章変更になった経緯がある。こうした日本側による働きかけの背景には日本のベトナムにおける成功例があった。

が拡大し，強化されない限り，『テロに対する戦争』に勝利することはできない」（同上 UNDP, p. 152）のである。

　紛争が起こりやすい国は，国家制度が脆弱化している国でもある。具体的には，①治安を維持する制度能力，すなわち，警察力がないこと，②基礎的な公共サービスを提供する能力がないこと，③異なる考え方を持つ勢力を調整する能力や正当性がないことである（同上 UNDP, p. 162）。イギリスの国際開発庁（DFID：Department for International Development）は 46 カ国の「脆弱国家」をリストアップしているが，実際そのうち 35 カ国が 1990 年代になんらかの紛争に巻き込まれている。そのいずれもが，1 日 1 ドル以下で暮らす貧困層が人口の 3 割以上を占める国である。制度が脆弱化した原因としては，経済的不平

など，天然資源をめぐる争い，地域紛争が主要なものであるとしている。

ところで，これまで述べてきた国家の脆弱性とは具体的にどういうことであろうか。冷戦以降の国際安全保障のひとつの特徴として，外敵からの脅威に対する「外的安全度」(external security) にも増して，内的の脅威に関する「内的安全度」(internal security) の重要度が増している。言い換えれば，国家間の戦争の脅威よりも，国内の民族対立，社会不安，治安が重要になってきているということである。たとえばアフガニスタンのような，民族間の緊張関係や武装組織の対立により，国家の基盤が不安定な場合，**内的脆弱性**（internal vulnerability）が高いことが問題と考えられる。内的脆弱性の高さは，国民統合・領土一体性の弱さ，政治機構・多元的民主主義の未確立，政権の**レジティマシー**（legitimacy，正当性）の欠如，市場経済の未熟さなどと密接な関連があり，同国の場合にはこのいずれにおいても，内的脆弱性が高いばかりに，外的な介入を受けやすい，そしてそれがさらに内的脆弱性を高めるという悪循環の構造にある。

法の統治

制度が強固な国とは法の統治が確立した国でもある。そこで起こる犯罪，麻薬，テロリズムは確実に検挙され，処罰される。そこで法の統治から見た平和構築の問題を考えたい。平和構築にとって法の統治は2つの意味合いを持っている。第1に，直接的な意味合いとして，法の統治は国家間の紛争を解決する際に有効であるかという国際法の伝統的な論点であり，第2に，国内の法の統治が国外への波及効果を生む場合に国際社会あるいは援助機関としてはどのような政策的対応をとるべきかという論点である。

法学の立場から，篠田（2003）の整理によれば，国内における法の支配が単に法律の公布・施行が実効的に行われることを意味する「実定法主義」をとっているのに対して，国際社会における「法の支配」概念は「人の支配」の対概念として意味を持ち，より広義な意味合いを持つとしている。実定法は狭義の法の支配概念であり，独裁政権とも整合性を持つものであるのに対して，人の支配の対概念としての広義の法の支配は個人の権利や人権を重視する「規範的」な法の概念であり狭義の法概念より上位にあるとしている。

> **Column 3　国連憲章第7章　平和に対する脅威，平和の破壊および侵略行為に関する行動**
>
> 第39条　安全保障理事会は，平和に対する脅威，平和の破壊又は侵略行為の存在を決定し，並びに，国際の平和及び安全を維持し又は回復するために，勧告をし，又は第41条および第42条に従っていかなる措置をとるかを決定する。
>
> 第51条　この憲章のいかなる規定も，国際連合加盟国に対して武力攻撃が発生した場合には，安全保障理事会が国際の平和及び安全の維持に必要な措置をとるまでの間，個別的又は集団的自衛の固有の権利を害するものではない。この自衛権の行使に当って加盟国がとった措置は，直ちに安全保障理事会に報告しなければならない。また，この措置は，安全保障理事会が国際の平和および安全の維持または回復のために必要と認める行動をいつでもとるこの憲章に基く権能および責任に対しては，いかなる影響も及ぼすものではない。

　このような広義の法の支配概念を明文化したものとして，国連憲章，国際人権法，国際人道法がある。平和構築との関連では，国連憲章第51条（自決権）および第7章（強制措置）が重要となる。そして，第7章の発動には第39条の「平和に対する脅威，平和の破壊または侵略行為」の認定が必要となる。

　その意味で，2003年のアメリカ軍によるイラク攻撃は，これまでの国際法上の広義あるいは狭義においても法の統治を明らかに逸脱する行為であったと考えられる。本書の執筆時点（2007年はじめ）において，アメリカ軍がイラクに対して「勝利」し，同盟国を中心とする「平和構築」が開始してから4年近くが経過しているが，イラクには依然平和は構築されていない。それどころか，2003年夏に国連バクダッド事務所が爆破されて以降，日本をはじめとする主要ドナーはイラクの地で通常の援助活動を行うことすらままならない。治安が極端に悪いからである。日本の外交官，民間人，ジャーナリストもテロリズムの犠牲となった。援助機関は隣国のヨルダンに避難し，そこから「遠隔操作」でイラク人コンサルタントを使って援助活動を行っているのが現状である。イラクにとっての平和構築は「勝者の論理」であり，そこで展開される援助活動もアメリカ軍の庇護のもとに行われた，軍民一体の性格をもつものである。その後，イラクでは戦後憲法制定，総選挙が行われたが，この状況下における

「法の統治」とはどのような意味合いを持つのか，正当性はあるのか，疑問が投げかけられている。

　正当性に対する最大の疑問点は，「平和構築活動が手がける社会設立作業に，外部者である国際社会が特定の価値規範を前提にして関与してよいかどうか」（篠田，p. 55）であり，内政不干渉という国際法の原則に抵触しないかということである。すでに述べた制度構築論とも関連するが，法の統治が外部からの押し付けにならないよう，現地社会の代表者が関与できる仕組みをつくることが大切である。ただし現実的な問題として，だれを権限ある代表者として認定すべきか，少数民族問題が絡んでくる場合に困難な問題となる。また，法の統治を確立することが，どの程度，平和構築に資するのかはその社会の成立基盤によって状況が異なることを認識すべきであろう。つまり，法の統治が大きく崩壊している社会は長引く戦争によって，社会基盤が崩壊した国であり，そのような国でこそ法の統治の定着が平和構築に資するのである。逆に，既存の社会基盤や法体系が強固な国において新たな法秩序を導入しようとすると，既存の社会価値体系と衝突を起こしかねない。この点は，フクヤマの制度構築論，国家建築論と同様である。

　ところで，実際に制度構築や国家建設を名目として援助事業を実施するのは，国際機関をはじめとする援助機関であり，世銀などの援助機関において意思決定に大きな影響力を有するのは，エコノミスト集団である。エコノミストの考え方が戦後の援助理論の潮流を形成してきたといってもよい。かれらは法の統治の問題をどのように取り扱ってきたのだろうか。この点において，インド出身の経済学者バス（Basu 2000）が興味深い分析を行っている。平和構築論における法の支配を考える上で参考になるので紹介したい。

　スタンダードな経済学にとって，法律とは当然に遵守せられるべきものであり，国家は法理を間違いなく実行し，市場の失敗を矯正する機能を果たすものと位置づけられている。消費者・生産者とも経済的な意思決定を行う際には，市場経済ゲームのルールは絶対である。これを経済学では，法律を執行する国家は経済モデルにとって所与のもの，すなわち，外生的（exogenous）な存在と考える。それに対して，バスは法律が遵守されるかどうかは，社会規範に適ったものであることが大前提であるとしている。逆にいえば，**社会規範**

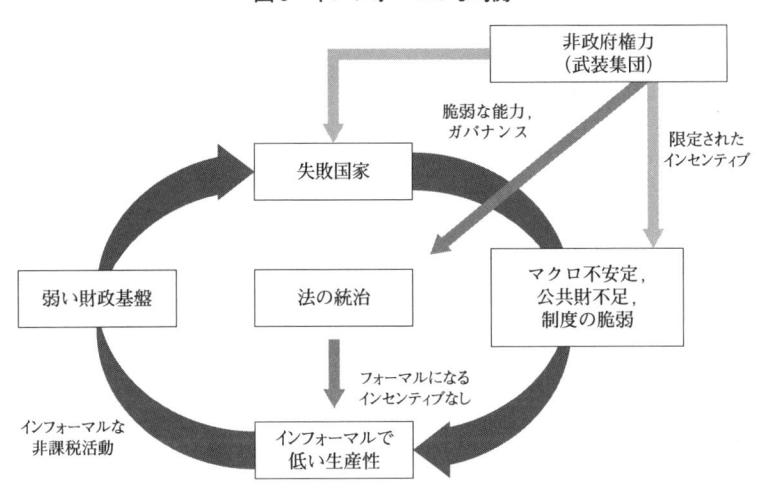

図5 インフォーマルな均衡

```
                    非政府権力
                    (武装集団)

        脆弱な能力,                 限定された
        ガバナンス                   インセンティブ
           失敗国家

弱い財政基盤    法の統治       マクロ不安定,
                              公共財不足,
                              制度の脆弱

                   フォーマルになる
                   インセンティブなし
インフォーマルな    インフォーマルで
非課税活動         低い生産性
```

出典：World Bank（2005）

(social norm) に適わない法は守られない。また，社会規範 (social norm) に適う行動を強制執行するための法律は原則不要である。つまり，この考え方によれば，法律ないし国家は公明正大で完璧な存在ではなく，社会規範と不可分の不完全な存在である。そこでは，当然のことながら，「政府の失敗」ということも起こりうる。

こうした考え方は，アフガニスタンにおいてなぜ法の統治を定着させることが難しいのかを考える手がかりを与える。第3章で述べるように，アフガニスタンは2002年以降，国際社会の支援のもとで平和構築・復興を進め，憲法制定，総選挙，大統領選挙を行ってきたが，その後社会の安定は達成されていない。世銀はこの状況を「インフォーマルな均衡状況」が達成しているからであると説明している（図5）。つまり，国の基盤の根幹にあるべき法の統治が欠如しており，そのため，本来国家が行うべきマクロ経済運営，公共サービスの提供などの基本的機能さえ果たせない。国全体としての生産性は低く，収入も脆弱であり，それが国家の失敗の悪循環を招いている。結果として，国家の外にある権力（非合法武装集団など）が温存されているという構造となっている。

アフガニスタンにおける法の統治は社会規範と相容れるものでなければ不可能であろう。アフガニスタンではイスラム原理主義を標榜したタリバン政権が崩壊し，男女平等を明確にうたった民主憲法の制定後も，相変わらず女性はベールに身をつつみ，イスラムの伝統的な生活様式を送っている。これは，憲法に明文化された文言が，それまでの既存の社会規範とかならずしも整合性を持たない場合には，既存の社会規範が優位に立ちうるという側面を如実に示した例であるといえよう。

アフガニスタン社会の特殊性を理解するためには，西欧近代社会とは位相を異にする中東イスラム社会の構造を理解しなければならない。小杉（2006）の分析によれば，中東社会の方向性は「3つのベクトル」を中心に理解できるとしている。つまり，「ナショナリズム」「イスラム復興」「西洋的近代化」が拮抗するベクトルである。これは相互に排他的ではなく，関連している。たとえば，イスラム復興は近代化や産業の発展を目指すため，西洋的近代化と目的が共通するが，西洋文化の吸収に対しては対立する。イスラム復興とナショナリズムは世俗的近代化において共通し，伝統文化の評価に関して対立する。

3
経済学における紛争の問題

アダム・スミスと戦争

新古典派経済学にとって長いあいだ，紛争や戦争は主要な関心分野ではなかった。しかし，経済学における戦争の問題は意外に古く，すでにアダム・スミスの『国富論』（1776）で重商主義批判の文脈で指摘されている。

　双方が敵対状態のときには，敵国の富は，かれらがわが国に優越する陸海軍を維持することを可能ならしめるが，しかし，平和時に通商を行うときにあたっては，その富は，隣国がわれわれとより大きな価値を交換することを可能ならしめ，かれらがわが国の産業の直接の生産物を買うなり，あるいは，われわれがわが国の生産物と交換に輸入した他国の財貨を，かれらがさらに買い取るなりして，わが国により良い市場を提供させるに違いない。（中略）イングランドとフランスの

あいだの貿易が，その両国において，かくもさまざまに阻害や制限を加えられているのは，こうした貿易上の主義方針の結果なのである。しかし，もし万一にも，この両国が商人的嫉妬や国民的憎悪を抜きにして，その真の利益を考えるならば，大ブリテンにとっての対フランス貿易は，ほかのいずれの国との貿易よりも有利だろうし，同じ理由から，フランスにとっても大ブリテンとの貿易がもっとも有利であろう。

貿易の自由化・拡大によって当事国双方にとっての経済的利益が拡大され，それによって，軍事的拡張競争・植民地競争が軽減されるという考え方は**経済的リベラリズム**として理解され，国際社会の本質を権力闘争と考える**政治的リアリズム**とは対極の考え方に立っている。しかし，若干楽観的な見方ではなかろうか。

歴史的にみれば，紛争の根本原因は人間や社会集団間の支配や格差の増大への不満と，人間の権勢欲・支配欲にある。近代社会において，戦争は資本を蓄積し，そのために資源を世界から集めるための手段であり，明治期の日本の「富国強兵」政策もその一例として考えられる（西川 2000）。いわば，紛争は利己的な経済活動に内在化されたリスクであるといってよい。

ともあれ，経済的リベラリズムの考え方は世銀などの国際開発機関が制度構築・能力開発を目的とした援助を実施する際に暗黙の了解としてきたものである。すなわち，一定の外的リソースを投入すれば，必然的に望ましい制度改革をもたらすことができるというもので，いわゆる**コンディショナリティ**（conditionality，融資の条件としての政策改善項目）型の援助の多くが長い目で見ればこうしたリベラリズムの流れを汲むものであったといってよい。しかし，このような前提どおりにアフリカ諸国などの脆弱国家の制度が強化されなかったことはすでに述べた通りである。

紛争のモデル化

紛争がいわゆる主流派の経済学に認知されたのは，グロスマン（Grossman 1991）が経済モデルを使って紛争，特に中央政府に対する武装蜂起を説明したのがはじまりである。グロスマン・モデルの核心は，現政権の指導者，武装蜂

起の指導者，その他大勢の農民・労働者の意思決定を経済的合理性に基づいて説明しようとした点である。現政権の指導者も武装蜂起の指導者も支持者たちの期待所得を最大化しようとする。農民・労働者層は生産活動を行うか，武装蜂起を行うか，経済の一般均衡のなかで活動の選択を行う。武装蜂起の指導者はこうした一般均衡のモデルを考慮しつつ，武装蜂起のための準備を行うかを合理的に判断するというものである。

同様に，ハーシュライファー（Hershleifer 1995）もミクロ経済学的な手法を用いて，紛争の理論化を試みている。その核心は経済活動において，衝突（武力・非武力）が起こるのは衝突を起こす双方にとって経済的な便益がもたらされ，**パレート最適**（Pareto Optimal；他人の厚生水準を低下させることなく，すべての消費者が最適な厚生水準を達成できる状態）な状況が生まれるからであると主張する。ただし，衝突のコストも考慮に入れられなければならず，それは生産活動が技術力に左右されるように，衝突にも技術力が関係しているとするものである。

これらの一連の理論研究の功績は，紛争に経済学的な分析の枠組みを与え，理論的な精緻化に貢献したことである。反面，これらのモデルは紛争を合理化しようとする分析概念にとどまり，積極的に平和構築をもたらそうとする規範概念ではない。

いずれにせよ，こうした理論研究をベースとして，1990年代の後半以降，世銀リサーチ部門を中心として，紛争を計量的に理解しようとするコリアを中心とする試み（「内戦，犯罪，暴力の経済学」〔The Economics of Civil War, Crime and Violence〕1998〜2005年）がはじまった。これは，冷戦崩壊後に途上国で頻発した内戦の経済的要因に焦点を当てた研究であるが，その研究成果として，研究者の頭文字をとってCH（Collier-Hoefller）モデルと呼ばれているものが，クロス・カントリー分析である。これは第二次大戦後に内戦を経験した国の膨大なデータを駆使してつくられた回帰分析モデルにより，紛争の経済的な要因を解明しようとするものである。モデルの核心は，**機会**（opportunity）と**不満**（grievance）であり，機会変数は輸出依存率，地理的条件，人口，成長率，不満変数は民族・宗教の多様性，政治制度・民主化の程度によって測定された。そして，天然資源が豊富な国ほど暴力的な紛争に陥りやすいという結論を導い

た。天然資源以外にも，人口，民族といった国家の地理的属性に関する変数，あるいは**極化**（polarization）といった経済的属性に関する変数，民主化の達成度といった政治的属性に関する変数が，紛争の勃発と統計的に相関関係があると結論づけている。

　CHモデルの貢献は，紛争という複雑な問題を費用と便益という量的概念によって簡潔に説明し，計量分析を駆使しつつ，主流の経済学者を紛争の問題に目を向けさせることに成功したことである。そのことが，世界銀行やIMFをはじめとする国際金融機関における平和構築分野への支援を理論的に支えることとなった。反面，非エコノミストからは，クロス・カントリーによる分析が，個別具体的な紛争をどの程度説明することができるのか，という疑問が投げかけられていた。こうした疑問に答えようとするのが，コリアとサンバニス（Collier and Sambanis 2005）らの事例分析である。かれらは，CHモデルを用いて，アフリカや中南米，北アイルランドなどを含む世界各地の紛争の要因分析を行い，多くの場合，モデルの有意性を証明している。

　以上のように，CHモデルは紛争要因をクロス・カントリーの視点で計量的に分析することにより，「紛争経済学」の整緻化に貢献したものの，要因分析が中心であったために，政策へのフィードバックの具体論は今後の課題となっている。CHモデルをもう一歩進めたのが，ドイルとサンバニス（Doyle and Sambanis 2006）による「平和構築の三角形」モデルである。このモデルの核心は平和構築にとって必要なリソースや内部条件を概念整理すると同時に「外部のコミット」「敵対力」「能力」を指標化したことである（図6）。

　指標化の方法としては，1945〜1999年の紛争経験国データから①**敵対力**（Hostility）：宗教・民族，死者，難民数，期間，②**ローカル・キャパシティ**（Local Capacity）：開発指標，資源依存度，③**国際的能力**（International Capacity）：援助額，国連PKOをランクづけし，最高値（1）と最低値（0）を加重平均して指標化したものである。これにより，3つの軸の三角形を描くことができる。三角形が大きければ大きいほど，平和構築が成功裏に行われる可能性が高いことを示している。たとえば，カンボジア（図7）は国連が1991年から1993年まで駐留して，PKO活動を実施した。また日本のはじめとする多くの国々からODAが供与された。このように外部のコミットは比較的高く，0.64

図6　平和構築の三角形モデル

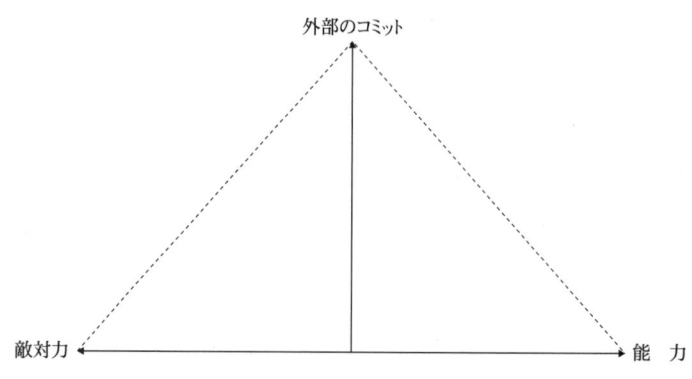

外部のコミット

敵対力　　　　　　　　　　　能　力

出典：Doyle-Sambanis（2006）

図7　平和構築の三角形（カンボジア）

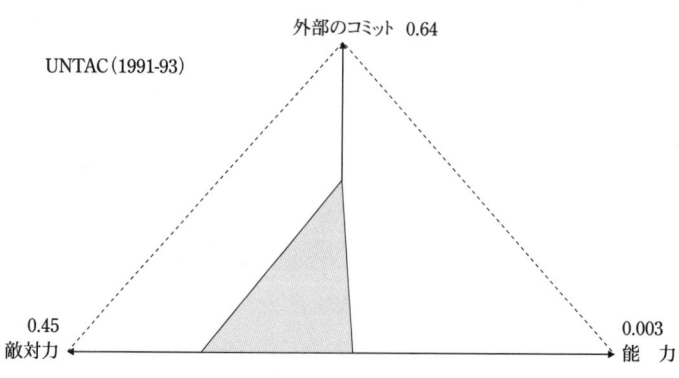

外部のコミット　0.64

UNTAC（1991-93）

0.45
敵対力　　　　　　　　　　　0.003
　　　　　　　　　　　　　　能　力

出典：Doyle-Sambanis（2006）

を示しており，また拮抗勢力同士の和解が成立していたために，敵対力も比較的低く，0.45となっている。ところが，現地の能力が極端に低く，0.003にとどまる。結果，左に突出したいびつな三角形となっている。しかし，カンボジアは平和構築の成功例と考えられている。これは，現地の能力の低さという阻害要因を上回る，外部リソースと内部条件が成立していたためだと考えること

図8 平和構築の三角形（東ティモール）

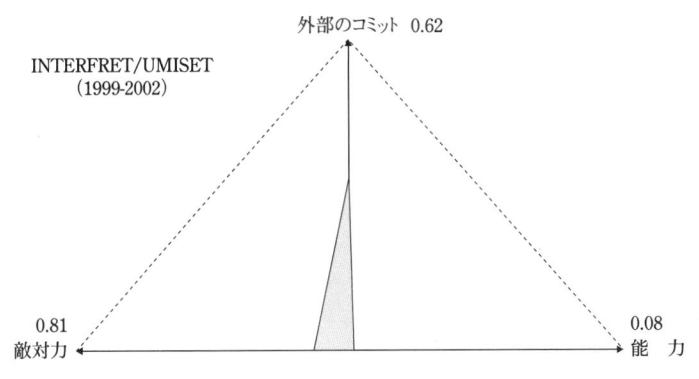

```
                    外部のコミット 0.62
    INTERFRET/UMISET
    (1999-2002)


    0.81                                    0.08
    敵対力 ←                              → 能　力
```

出典：Doyle-Sambanis (2006)

ができる。

　一方，東ティモールの場合はまた別の様相を示している。この国は1975年以来，インドネシア政府に対して抵抗を行い，1999年に独立をするまで数多くの流血事件が発生した。独立後のインドネシア併合派の破壊活動は国際的なメディアの注目を浴びることとなり，その後の援助ラッシュに結びついた。しかし，この国は主要な職種・公務員は教育を受けたインドネシア人に支配されていたためもともと現地の人材・制度に乏しく，ローカル能力指数は0.08にどとまる。また，国内は民族・言語が分裂しており，敵対力は高く，0.81を示している。ところが，外的なコミットにおいて，0.62という高い値を示しているために，非常に細くて背の高い三角形が現れている。同様の傾向は，アフガニスタンやイラクについても当てはまることができる。ただし，イラクについてはローカルの能力は人材面および国内資源面においてアフガニスタンや東ティモールと比較すれば比較的高いと考えられている。

　「三角形モデル」の功績としては，CHモデルより直観的に分かりやすいということである。特に，国際的リソース（コミット）と国内リソース（制度能力）・敵対力のトライアングルはメタファーとして政策決定者によりアピールしやすい。また，CHモデルは紛争の要因分析であったのに対して，三角形モ

デルは政策介入の評価分析に力点を置いたより実践的なものである,という点も評価される。しかし,国際リソースが国内リソースへ及ぼす悪影響は未解決であり,またデータの制約もあり,9.11以降の状況に対応していないという問題点がある。

政策的メッセージ性という面では,サンドラーによる国際公共財の議論も公共経済論において重要な功績である。サンドラーは国際社会がテロリズムに対応していくことは,非排除性,非競合性を持つ公共財としての性格を持つとしている。(Sandler 2004) サンドラーの功績は前に述べた制度構築論とあわせて,国際機関,特に開発援助機関が平和構築の分野を支援していくことの経済的な合理性を与えるものとなっている。また,内戦の勃発が周辺国の経済活動に対して,**負の波及効果**(spillover effect)を持つという意味において,当該国で内戦がない平和な状況は,**地域的公共財**(regional public goods)として,周辺国が支援するべきであるとしている。ただし,国連による平和維持・平和構築の機能については,金銭的にもっとも貢献した国にかならずしも便益が行かない可能性があるということで,大国は金銭的貢献を出し渋るため,より地域限定的な多国籍軍やNATO(北大西洋条約機構)の方が実際には活躍していると述べている。事実,東ティモールではオーストラリア軍が中心に暴動を鎮圧し,アフガニスタン紛争ではNATO軍が治安維持で中心的役割を果たし,イラク戦争では,英米軍主導でフセイン政権を崩壊させた。

4 社会的アイデンティティの形成と衝突

文明の衝突論

9.11事件発生後からイラク戦争が泥沼化するまでの数年間,アメリカのテレビメディアは「テロとの戦い」キャンペーン一色であった。その影響もあり,国際世論では「西欧社会」対「イスラム社会」の対立に図式化することが一般的となり,イスラム原理主義に対する警戒感が一挙に高まった。その後,バリ,ロンドン,バルセロナなど,世界各地で発生したテロリズムの影には国際イスラム過激組織がいるとされた。全世界で空港警備が厳重強化された。他方,パ

レスチナ・イスラエルの武力対立，ロシアのチェチェン問題などにおいて，イスラム教が，即テロリズムを誘発するものであるとの単純化が見られ，またアメリカ国内のイスラム系住民が不当な差別を受けたとされる。「イスラム教」と「テロリズム」が同一視されるようになった。

冷戦が終結し，イラクによるクウェート侵攻にはじまった湾岸戦争が終結した直後にフォーリン・アフェーズ論文（1993年）で発表された，ハンティントンの『文明の衝突』は冷戦後の国際紛争の構図を文明，とりわけ，イスラム文明と西洋文明の対立に求めたものである。

> 冷戦後の世界では人々の違いはイデオロギー，政治，経済にはなく，文化にある。人々や国家は人間が直面する最も基本的な問題に答えようとしている。自分たちは何者か。そして，その問いに人々は自分たちがもっとも大切と考えているものに依拠しつつ，もっとも伝統的な方法で答えようとしているのだ。つまり，先祖，宗教，言語，歴史，価値，習慣や制度といったアイデンティティである。文化に関する，部族，民族，宗教的共同体，国民，あるいは文明で自己をアイデンティファイしている。人々は利益を追求するために政治を利用するのではなく，自らのアイデンティティを定義するために利用している。人々は自分たちが何者であるか理解したときだけではく，自分たちが誰と対立しているのかを理解した時に，真に自分自身を理解することができるのである（Huntington 1996, p.21）。

ハンティントンを批判する立場の論者は，文明間での価値観の違いを強調することによって，非西欧社会，たとえばミャンマーなどにおける人権運動・民主化運動などは「西欧社会」の価値観を非西洋社会で導入するものであるから，うまくいかない，という議論を正当化してしまうと論ずる。しかし，本来，人権や民主主義の考え方は西欧固有のものではなく，人類が共通して追求してきた普遍的な価値であり，あるいは，西欧で生まれた価値であったとしても，非西欧社会において受け入れられないものではないというものである。

しかし，9.11事件が国際社会にもたらした衝撃はあまりにも大きく，ハンティントンの文明の衝突論に再び光を当てることとなった。いまや，国際関係論や文明論を論ずる際に，『文明の衝突』を避けて通ることができなくなって

いる。ハンティントンの主張は明快で分かりやすいが，そうであるがゆえに，さまざまな批判を受けてきた。政治的リアリストの立場からは「国民国家」の役割を軽視したものであると批判され，経済的リベラリズムの立場からは社会変革をもたらすはずの経済交流の役割が軽視されているとの批判がなされた。しかし，文明によって衝突のすべてを理解することは無理にしても，これまでの国際関係論に文明という視点を取り入たという意味で，新たな研究の方向性を示した功績は認められてよい。

田中（1996）は冷戦後の国際社会は相互依存が一層進化し，**ウェストファリア体制**（三十年戦争の講和条約であるウェストファリア条約によりもたらされた勢力均衡体制）以後の国民国家を中心とする世界秩序が衰退した状況にあるとして，これを「新中世」と特徴づけた。しかし，相互依存の進展は世界において一様ではないため，3つの階層分化を生ずる。田中はそれを「第1圏域」「第2圏域」「第3圏域」と呼んでいる。

第1圏域とは，「新しい中世」的特長がもっとも強く現れている部分で，民主主義や市場経済が成熟した地域・国々のことであり，北米・西欧・日本・オセアニアがそれに所属しているとしている。ここでは国家の役割は相対化され，市場や市民社会の役割が大きく，国家間の戦争は起こらない。

第2圏域は，中国，ロシア，インドなどのように，民主主義や市場経済が不安定で国家の役割が依然として重要な地域である。国家間戦争は起こりうるとしている。

第3圏域は，サブサハラ・アフリカ，中央アジアなどのように，根本的秩序が崩壊してしまった地域であり，主権国家とは名ばかりで実態をともなわないとしている。世銀などでは脆弱国家と呼んでいる地域群である。

ハンティントン・田中に共通するのは人々が国家という枠組みを超えた，民主主義や市場経済といった共通の土台，すなわち文明や文化が国際関係を規定するあらたな枠組みであるという世界観である。田中がそれが平和共存への仕組みとなると考えているのに対して，ハンティントンの場合には異なる価値観を具現化する文明が衝突するという見方をとっている点が異なっている。

社会的アイデンティティと個人の選択

こうした国際関係の文明論的視点に異議を唱える有力な論客のひとりにアマルティア・センがいる。経済学者のセンは個人の選択を中心とした議論を展開している。その中心命題は「アイデンティティは選択できる」というものである（セン 2003）。

　もしアイデンティティに関する選択というものはありえないという前提が全く正しいとすると，民族の伝統主義の中に，地方文化を自ら進んで守ろうとする心構えを認めるなということが，どうしてできるのだろうか。……どんな証拠があって，非西洋的伝統の中に生まれた人々には，ほかの形のアイデンティティを伸ばす能力がないといえるのか。……学校にも行かず，外の世界を全く知らないアフガニスタンの少女には，実際，自由に考えることはできないかもしれない。だが，このことが示しているのは，合理的思考の「能力がないこと」ではなく，ただ，そうするチャンスに恵まれていないということにすぎないのである。

しかし，現実の社会では，共同体的なアイデンティティが集団同士の争いを繰り広げてきたということも事実である。それはセンにとっては，「選択の自由が存在するのに，その自由を否定すること」から生ずる結果であるとしている。

　選択の自由の否定は，われわれがどのように考え，自分を何と同一化すべきなのかをじっくり考えて判断するという責任を放棄することになるからである。これは，いわば理由もなく変化していく自己認識に振り回されているようなものであって，しかも始末の悪いことに，この自己認識は，自己のアイデンティティは見つけ出して受け入れるべきもので，検証したり吟味したりすべきものではないという誤った信念に基づいているのである。

センの発想は**公共選択論**（Public Choice Theory）に大きな影響を受けたものであり，それを平和構築の分野に適用した『アイデンティティと暴力』（Sen 2006）においても，現代の紛争の原因をイスラム教やそれを信奉する人々と結びつけて短絡的に捉えるのは誤りであるとしている。イスラムの教義も単一で

はなく，いろいろな宗派や異なる考え方が存在する。それをあたかも同一であるかのごとく扱うのは大きな間違いであるとしている。アイデンティティを個人が「発見する」のではなく積極的に「選択する」ことによって，暴力的なアイデンティティに対抗しうる，堅固なアイデンティティを確立することができるという主張である。

　このような個人の選択に注目した平和構築論は，さきに述べた「人間の安全保障論」と概念的に関連するものである。すなわち，現代の安全保障は国単位で考えられるのではなく，個人単位で考えるべきものであるというのが人間を中心とした安全保障論の真髄である。つまり，個人の厚生，生存，自由に対する脅威を取り除くことが人間の安全保障ということである。アマルティア・センや緒方貞子らが国連の「人間の安全保障委員会」で本格的な議論を始める前から，人間の安全保障に注目していた論客のひとりである，アックスワージー・カナダ元外相はつぎのように述べている（Axworthy 2006）。

　　日本とカナダは人間の安全保障──すなわち，人々を中心とする安全保障論である──を推し進める上で指導的な役割を果たすことができる。この考え方は冷戦が終結し，国民国家がグローバリゼーションの諸課題に応えることができないという認識が高まった，1990年代以降に広まった。共通の新たなリスクが国籍を超えて，人々に脅威を与えたのである。旧来の国境を中心とする国家安全保障の考え方はもはや意味を失い，暴力や紛争，国際犯罪組織，国際的感染症，大規模自然破壊に関する安全保障に新たなアプローチを採用しなければならないことをあらためて認識させたのである。

　そして，この人間の安全保障の概念を具体的に数値目標として示したのが，**ミレニアム開発目標**（MDG）である。MDG は「1. 極度の貧困と飢餓の撲滅」「2. 初等教育の完全普及」「3. ジェンダーの平等，女性のエンパワーメントの達成」「4. 子供の死亡率削減」「5. 妊産婦の健康の改善」「6. HIV/エイズ，マラリアなどの疾病の蔓延防止」「7. 持続可能な環境作り」「8. グローバルな開発パートナーシップの構築」の8つの目標を数値化したものであり，それぞれの国ごとの開発計画，特に，PRSP の前提条件となるものである（詳しくは第

3章参照)。こうした人間中心の開発目標を達成することこそが，開発途上地域の安全保障の根幹をなすものであると考えられているのである。MDGに対しては，2015年までに貧困数を半減するなど高い目標を掲げているため，その実施状況について疑問視する向きも少なくない。そのため，各国の目標達成状況を定期的にチェックし，報告することを義務づけている。毎年，国連統計局から地域ごとのMDGの達成状況が報告されている。それによれば，アジア地域では目標がほぼ達成されているのに対し，サブサハラ・アフリカや西アジア地域では全般的に達成率が低いことが確認されている。このように，人間の安全保障には地域的格差があることが問題となっている。

第1章の要点　Key Point

① 平和構築の概念は国連で萌芽し，援助機関に広がっていくにつれ，人間の安全保障という概念を体現するものと理解されるようになった。

② ポスト9.11の世界では，国際機関，援助機関，NGOなどによりさまざまな平和構築事業が実施されているため，援助モダリティ間における援助協調が重要である。

③ 世界銀行を中心として，紛争の経済学ともいえる分野が発達し，「三角モデル」などさまざまな分析ツールが開発されるようになった。

④ 国家の脆弱性が紛争の構造的な要因であるとの認識から，制度構築の重要性が認識されている。ただし，国際機関などによる支援が自動的に制度構築に結びつくという保障はなく，タイミングを間違えると脆弱性の強化につながりかねない。

⑤ 国際紛争は従来の「国」単位から「文化」「文明」という単位に変貌を遂げているというハンティントンの「文明の衝突論」に関しては，社会的アイデンティティの「選択」を重視する立場から反論がなされている。

第2章
平和構築支援の戦略と政策

シエラレオネで内線を戦う少年兵たち（2001年，カイラフン。写真提供：伊勢崎賢治氏）

1 平和構築支援の類型化と調和化　49
2 主要国際機関の役割　52
3 主要二国間ドナーの対応　60
4 日本のとりくみ　68

本章で学ぶこと

「なぜ，日本が平和構築分野で支援をしなければならないのか」。こうした質問を学生から受けることがよくある。それに対して，私は平和構築の問題は，はるか遠くの非日常的なことではなく，人類共通の利益であることを認識することが大切だと訴えるようにしている。平和を構築すること，貧しい国を支援することは，政府や国際機関に任せておけばよいことではない。市民一人ひとりが連帯して取り組まなければならない。そうした声が結集して，企業を動かし，政府や国際機関をも動かす力となるのである。ちなみに，緒方貞子氏は「そこに助けを求める人がいるから」支援をすると述べている。

平和構築は治安，経済・社会，政治・ガバナンスのそれぞれの側面から捉え，援助戦略を立案し，実行する必要があり，そのどれが欠けても効力を奏することができないことについては前章で述べたとおりである。この章では，平和構築という概念を具体的な支援政策として策定する，ドナー機関による平和構築の立案過程に光をあてる。まず，第1節では開発援助機関による平和構築への支援・政策介入の方法をいくつかのタイプに類型化しつつ，それぞれの機関が平和構築に対してこうした側面をどのように取り扱ってきたかを整理する。つぎに，第2節では国際機関（国連開発機関，国際金融機関），第3節では主要二国間機関（アメリカ，イギリス，ドイツ，フランス），第4節で日本の対応を整理する。特に，日本の50年にわたる援助の歴史のなかで，いつ，どのように平和構築の問題がクローズアップされてきたのかを明らかにする。

1
平和構築支援の類型化と調和化

平和構築支援の目的別類型化

　平和を構築する主体はだれか。国連でもなければ，アメリカでもない。平和構築の主体はあくまでも紛争当事国であり，国際機関もドナーもそれを支援する客体に過ぎないのである。しかし，国際機関，ドナーが平和構築に関わる以上，そこにはなんらかの「成果」が求められる。つまり，投入した資金や人材が有効に活用され，政策目的である平和が構築されたのかが評価される。国連が開発の数値目標であるミレニアム開発目標（MDG）を採択した頃から，開発援助機関は貧困削減などの具体的な成果が求めらられるようになったのである。PRSP は MDG を国別の状況に当てはめて具体化するため，途上国に主体的に目標を達成してもらうためのいわば「国際公約」である。この成果主義の考え方は人間の安全保障論を中心とした，「開発政策としての平和構築」の考え方にも導入された。

　平和構築が開発政策として定着するにつれ，当初は紛争後の対応に限定したものと理解されていたが，今では紛争を予防し，平和を持続させるための紛争前・中・後に行われる諸政策と考えられている。そこでは，平和構築は「プロセス」すなわち，紛争後の緊急・短期的支援から中長期的な開発期までの**移行プロセス**として理解することが重要である。移行プロセスは国や紛争の状況によりさまざまで，一般化することは困難であるが，ここでは便宜上，国連主導（タイプ 1），米軍（非国連）主導（タイプ 2），局地紛争（タイプ 3），周辺国支援（タイプ 4）に大別しよう（表1）。

　誤解のないように一応断っておくと，実際に，援助機関が移行プロセスをここで掲げた 4 つのタイプに分けているということではない。援助機関が行っている平和構築と銘打った支援事業で実際にどのような支援がどういったタイミングで行われているかを理解する際に，4 つぐらいに類型化した方が便利であるということである。ちなみに，JICA が実施する外部向けの講習・セミナーなどでも，こうした類型化が採用されているようである。

表1 紛争経験国（周辺国）における紛争終結後の「移行」パターン

紛争前	紛争中(In-Conflict)		紛争後(Post-Conflict)			
予防外交 経済制裁	平和創造	平和強制	平和維持	人道支援（緊急・短期）	移行期	開発（中長期）

タイプ1（東ティモール：国連主導型）

独立運動 UNAMIET発足 住民投票	独立派圧勝⇒併合派民兵による破壊活動 多国籍軍導入		UNTAET発足 PKF活動 人道支援開始		UNAMISET発足 PKF続行 信託基金/無償・技協	完全独立 PKF撤退 PRSP策定

タイプ2（アフガニスタン：米軍主導型）

タリバン政権 9.11同時多発テロ NGO支援活動	北部同盟・米軍圧勝 ボン合意により暫定政府樹立		東京会合(45億ドル) UNAMA・ISAF発動 難民・IDP支援		DDR・憲法制定、選挙 正式政府樹立 信託基金/無償・技協	ロンドン会合 IANDS策定

タイプ3（スリランカ：局地紛争型）

タミル人（少数派）による独立運動⇒ゲリラ化	LTTE活動激化 停戦合意(⇒中断) 〈津波大被害〉		(外交努力続くも、LTTE和平交渉のテーブルにつかず)		(現在まで紛争中ゆえ、該当なし)	

タイプ4（チャド：周辺国）

(隣国スーダンゆえ、原則内政不介入)	ダルフール情勢(スーダン)悪化 難民大量流入		スーダン南北和平合意 オスロ会議 難民支援開始		難民受け入れ地域開発	難民帰還

出典：筆者作成

　ここでいう，タイプ1の例としては，東ティモール（1999～2002年）のように国連が暫定行政機構を設立するものである。既存の国家制度が脆弱なため，国連が大きなイニシアティブ，プレゼンスを持ちながら，本格政権が樹立するまで支援するタイプである。カンボジア（1991～93年），シエラ・レオネ（1999～2005年）もこのタイプに相当する。いわば国連が丸抱えとなって，平和構築への移行プロセスを全面的に支援する場合であり，治安・経済・政治の全面にわたってバックアップしている。

　タイプ2の例としては，アフガニスタン（2001年～），イラク（2003年～）

のように，特定国または多国籍軍が中心となって軍事介入をし，場合によっては軍事的に占領を続けながら，暫定政権・移行政権を樹立して，経済支援を行っていく国である。治安の回復が最優先される。また，軍主導で，占領政策の一環として民主化政策が実施されることから，受入国側住民の意向を汲（く）み上げながら支援することが求められる。政権の正当性に対して，住民の不満が高まると，紛争再発の火種となる。

　タイプ3の例としては，スリランカ（タミル）やインドネシア（アチェ，マルク），ネパール（マオイスト）が典型的で，国内の民族・宗教・思想的少数派が政府に対して抵抗運動を行うものである。日本政府としては，抵抗運動を繰り広げるグループに対して，直接支援を行うことはなく，政府を通じて支援を行うこととなっている。

　タイプ4の例としては，スーダン西部ダルフール地方で発生した国内紛争のために，スーダン難民が流入した周辺国（チャドなど）への支援が典型例である。また，パキスタンへの支援も当初アフガニスタンの周辺国支援として実施された。アフガニスタンは内陸国であり，パキスタンを通じた「中継貿易」が重要な外貨獲得源となっている。また，中央アジア地域，イランとの関係も地域の安定にとって重要であり，こうした周辺地域への支援が実施されている。

平和構築支援の主要アクター

　開発政策としての平和構築を支援している公的な機関は，国際機関（マルチ）と二国間機関（バイ）がある。それぞれの機関には**マンデート**（mandate，所掌（しょしょう）範囲）が決められており，その範囲でしか支援を行うことができない。たとえば，緊急支援にマンデートが限定された機関が中長期的な開発支援を行うことは通常できず，その逆もまた然（しか）りである（表2）。

　なおこの表には掲載されていないが，東ティモールやアフガニスタンの復興支援などでも活躍した，国際赤十字社，ワールド・ビジョン，国境なき医師団などの非政府組織の大半は短期の緊急・人道支援の実施者として分類される。また，バイ機関の多くは同じ組織で短期・中長期の支援を実施することができるため，短期から中長期への移行が比較的スムーズに行うことが可能であるのに対して，マルチ機関の多くは，マンデートが明確に決められているために，

表2　平和構築支援を実施する主要アクター

	緊急・人道支援（短期）	開発支援（中長期）
国際機関	UNHCR（国連難民高等弁務官） WFP（世界食料計画） UNOCHA（国連人道問題調整事務所）	UNDP（国連開発計画） UNICEF（国連児童基金） 世界銀行，ADB（アジア開発銀行）
二国間機関	JICA/JDR（JICA緊急援助隊）	JICA（国際協力機構） JBIC（国際協力銀行）
	USAID（アメリカ国際開発庁） DFID（イギリス援助庁）	USAID（アメリカ国際開発庁） DFID（イギリス援助庁）

出典：筆者作成

移行プロセスにおける援助協調が行われている。

2 主要国際機関の役割

UNHCR による難民支援

　UNHCR は，人道的な立場から，国籍を有する国の保護を失った難民の権利を守り，同時に食料・医療・住居などの援助を行うこと，そして難民問題の解決をはかることを任務としている。したがって，UNHCR は人道支援機関ではあっても厳密には開発援助機関，ドナーではない。もっとも重要な保護は，難民が国境を越えてきたときに，迫害を受けたり，生命や自由の脅かされる危険のある国へ強制的に送還されないよう受け入れ国に働きかけることである。国連総会や事務総長の要請を受けて，**国内避難民**（Internally Displaced People：IDP）に対しても援助を行っている。

　2005年現在，世界中にいる難民数は，前年の970万人から920万人に減少し，この約25年間で最低となった。アフガン難民約100万人が帰還を果たしたが，いまだ200万人は国外にいる。スーダン難民も70万人存在する。そのほかにも，多くのイラク，ブルンジ，アンゴラ，リベリア難民が帰還した。新たに難民となったのは23万人で，難民をもっとも発生させている国はスーダンで14万人にのぼる。

　UNHCR が手がける平和構築の実際のオペレーションでは，ここからここ

までが人道支援で，ここからが開発支援という明確な区別ができないケースが多い。そこで，UNDPなどの本来の開発援助機関からはUNHCRに対して，「自分たちのマンデートを超えた活動をしている。いつからUNHCRは開発を行うようになったのか」といった批判もあるようだ。しかし，UNHCR側の言い分としては，人道支援から開発支援まで継ぎ目なくスムーズに移行していくためには，UNHCRも開発に近い事業に取り組まなければならないケースが増えている。

　人道機関であるUNHCRにとっての関心事は，難民が帰還し「再定着」すること，すなわち，帰還難民が再び強いられた移動をしなくてもよいということを見届けることである。ただし，そのためには，①帰還難民が差別を受けずに，今まで住んでいた人と同じ権利を持つこと，そのための法整備，②就労や教育の機会提供のための「開発」「復興」，③治安の回復が必要である。しかし，難民はこれら3条件が整わなくとも故郷に帰るという現状がある。そのために，開発機関との連携が不可欠である。

　このように，難民援助に開発的な要素が入ってきたのは1970～1980年代からのことである。しかし，冷戦構造が崩壊し，ポスト・コンフリクトの観点から考えられるようになったのは，カンボジア，モザンビーク，ラテンアメリカで大規模な難民の自主帰還が可能になった1980年代末から90年代になってからのことである。その時代から，UNHCRは開発と連携した活動，たとえば村のクリニック建設，小規模な橋・道路の修復・整備といった，即効性が求められるいわゆるクイック・インパクト・プロジェクトをはじめた。UNHCRが行う開発事業はあくまで難民の受け入れコミュニティへの融合・再定着を目的として実施されている。

　継ぎ目のない援助（seamless aid）を行うためには，人道支援と復興・開発支援のあいだに時間的なギャップがあってはならない。そのため，援助組織間の密な連絡や援助協調が重要であるのはいうまでもない。公的組織はバイ・マルチに限らず，明確なマンデートにより，活動範囲が限定されるという制約がある。そこでより機動性を持つ，NGOを中心とする非政府組織の役割が重要となってくる。ところが，NGOは資金が限られているために活動範囲が限られてしまうことが多い。NGOにより潤沢な資金が集まるような，公的資金の

導入などの工夫が必要である。同時に，NGOの活動が安全に行われるように，国連機関によるサポートをさらに拡大しなければならない。

世銀による平和構築支援

　世界銀行は，第二次世界大戦で荒廃したヨーロッパ諸国に対する復興支援として創設されたもので，IMFとならび，**ブレトンウッズ機関**と呼ばれる。ヨーロッパ復興後の業務は，開発途上国が実施する経済社会インフラに対するプロジェクト融資が中心となったのは周知のとおりである。平和構築分野での特徴としては，小規模コミュニティ開発のプロジェクトであっても人道支援機関や国連機関と比較すると全国展開ができる，すなわち「面的広がり」をもつ。言い換えれば，事業規模において開発金融による支援は影響力が大きいことである。これは，日本の円借款についても同様であるが，相手国に対して，セクター全体，国全体のインパクトを与えることができ，またその影響力を背景として，相手国政府に大胆な政策改善を迫ることができる。制度改革やガバナンスの問題についてこれまで世銀はアフリカ諸国などにコンディショナリティ方式の融資を行ってきた。

　しかし，紛争経験国では国家の財政基盤が脆弱な場合が多く，返済義務が生ずる融資を受けることができない。そこで，世銀では1997年に「紛争後復興支援ユニット」(Post-Conflict Unit)（後にConflict Prevention & Reconstruction Unitと改称）および「紛争後復興支援基金」(Post-Conflict Fund)を設立し，返済義務のない**グラント**（無償資金）を提供してきた。たとえば，アフガニスタンに対する世銀の援助の大半はグラントでまかなわれているのが事実である。基金の大半は，紛争後初期の復興支援案件に使われている（表3）。

　また，世界銀行は，紛争後の国々に対して，こうしたグラント支援のほか，制度改革や公共支出管理を中心とする能力強化のためのさまざまな技術援助も行い，融資適格国に対しては，インフラ分野を中心に，より融資条件の緩やかな融資も供与している。さらに，紛争後の国においてニーズが高く効果的な事業として，DDR事業や，コミュニティ開発案件を実施しているほか，ガバナンス改善のための支援に力を入れている。特に，アフガニスタンに対しては，インフラ事業へのプロジェクト融資や保健医療などのセクター全体に対する融

表3 ポスト・コンフリクト基金の主要支援対象国と支援金額（単位：千ドル）

順位	Post-Conflict Fund（98-05年度の累計）	
	主要支援対象国	支援実行額
1	ソマリア	6,607
2	コソヴォ	5,783
3	アフガニスタン	5,175
4	コンゴ民主共和国	4,855
5	ブルンジ	3,994
6	ハイチ	3,715
7	スーダン	3,398
8	東ティモール	3,275
		66,711

出典：World Bank

資が供与されている。また，世銀は多国間から拠出される信託基金の調整役を務めることが多く，アフガニスタンでも多国間の支援基金である**アフガニスタン復興信託基金**（ARTF：Afghanistan Reconstruction Trust Fund）の運営の中核的な役割を担っている。このように世銀は融資・グラント・技術協力を組み合わせた平和構築支援を行っている。

ところで，世銀は紛争国に対して資金援助する際に，どのような事前審査を行っているのだろうか。オペレーションの現場では「ポスト・コンフリクト・パフォーマンス・レーティング」（Post Conflict Performance Rating：PCPR）と呼ばれる手法を実施している。この評価手法はつぎの4つの分野に分けた12項目について，最高点を6点として評価するものである。評価項目はすなわち①治安と和解（治安，和解，DDR），②経済復興（インフレ・対外債務の管理と予算の適切さ，貿易政策・為替・通貨制度，紛争後の復興計画の運営と持続性），③社会的統合と社会開発（国内避難民の再統合，教育，保健），③公的部門の運営と制度（予算・金融管理と歳入の効率性，公的行政の再建と法に基づくガバナンス，公的部門の透明性・説明責任・腐敗），である。

このような事前審査を行いながら，世界銀行は，紛争経験国あるいは紛争中の国であっても，融資が受け入れ可能な国に対しては融資を行ってきた。たとえば，**マオイスト**（Maoist：毛沢東派）が国王体制の打破を目指して武力対立

を続けてきたネパールも、そうした国のひとつである。地方の農村の交通アクセスを改善するための融資事業では、マオイストの活動地域に対しても継続的に融資が実施されてきた。その鍵は、コミュニティの参加を重視した分権的プログラムにある。事業の実施・管理に各コミュニティが参画し、また工事作業などの実施や工程管理を実績と能力があると考えられる地元のNGOに委託してきた。

世銀の例は開発金融という長期かつ大規模な事業が、技術協力やグラントという即効性の求められる事業と連携した平和構築支援の新たな方向性を示したものであるといえよう。

Column 4 **世銀によるネパール支援**

世銀は1990年代以降、ネパールの政治状況が悪化し、特に地方のかなりの領域が武装ゲリラ（マオイスト）の影響下に入るなかで、**コミュニティ開発アプローチと分権的なサービス・デリバリー**と呼ばれる方法を用いた支援を実施してきた。

コミュニティ開発アプローチは、1997年以来、世銀が支援してきた地方の上水道整備事業で採用されたアプローチである。支援対象地域である49の地区の多くが紛争の影響を受けたが、こうした状況のなかでも、コミュニティ組織に事業の計画・設計・実施・管理運営を任せることによって、世界銀行は中断することなく事業を継続してきた。

また、分権的なサービス・デリバリーとは、世銀が実施してきた小規模インフラ整備事業で用いられた手法である。2005年には、合計20の地区で地方農村の交通アクセス改善を目的とする小規模インフラ事業を、地方分権型の参加型開発の枠組みを使って実施しているが、支援対象となる20の地区のうち6地区が紛争地域に入っているが、多くの地区で事業が継続されている。

なお、コミュニティ開発と分権的アプローチの違いは、コミュニティ開発が事業の対象となる個々のコミュニティ単位で支援内容の決定や資金の運営管理が行われるのに対し、分権的アプローチでは、複数の地方政府・自治体といった中央政府とコミュニティの中間レベル（省、郡など）の分権的な行政制度を活用することにある。

国連開発計画（UNDP）および国連グループのとりくみ

　国連開発機関の中核をなす UNDP は，1990 年以来，「人間開発」という概念を重視しており，同じ国連ファミリーでありながら世銀とは異なるアプローチをとってきた。UNDP は，平和構築やガバナンスの脆弱な国家への支援に関して，特に，「人間の安全保障」や「能力開発」を重視しており，またその政策表明のなかで，MDG（ミレニアム開発目標）の達成に向け，各ドナーのより積極的な取り組みを求めている。具体的な政策においても，ひとり当たり GDP あるいは**人間開発指数**（HDI：Human Development Index）が低下した国々を，援助の重点国として扱っている。たとえば，2003 年の『人間開発報告書』では，59 の国を重点国としている。この重点国は，パフォーマンスの悪さと援助拡大の必要性を指摘しているのであり，パフォーマンスが悪いからこそ支援が必要だという基本的立場をとってきた。パフォーマンスが悪いから支援しない世銀とはちょうど対極の立場である。

　その UNDP は，2000 年に「危機予防復興局」を新設するなど，この頃から「紛争予防開発機関」として，紛争後の復興支援への関与に積極姿勢を打ち出してきた。UNDP の平和構築における支援の重点は，平和構築の専門家の派遣や技術協力といった能力開発の分野にあるが，具体的な事業として，各国政府とのパートナーシップを強化しながら，紛争経験国における小規模インフラ整備，選挙支援，人材育成，地雷撤去，学校建設，メディア整備，雇用創出事業，小型武器回収などを実施している。

　ところで，紛争後の平和構築に国際社会が関与する場合，国連安全保障理事会の授権を受け，国連機関が全体の支援のとりまとめ役を果たすことが多い。さきに述べた，平和構築への移行プロセスの「タイプ１」に相当するカンボジアにおいては政治プロセス，治安，復興支援などのすべてを担う暫定統治の役割を担い，東ティモールでは復興・開発を除く行政・治安を担った。アフガニスタンでは，国連の役割はより限定的ながら，選挙などの政治プロセスにおいて主たる役割を果たしている。こうしたなかで UNDP は，世銀やほかの主要ドナーとの間で，紛争後の復興支援やガバナンスの弱い国に対する支援に関して，援助協調を深めている。

　一方，国連本部では，2006 年に**平和構築委員会**（Peace Building Commission）が設立された。この機関は政府間諮問委員会として，紛争後の平和構築と復旧に向けた活動について，一貫したアプローチを関係諸機関に助言することが期待されている。日本政府は，持続可能な平和を達成するために，紛争後の人道支援，復旧，復興などの実施について，一貫した統合戦略を助言・提案するメカニズムが重要であるとの観点から，従来から平和構築委員会の早期設立に向けて尽力してきた。平和構築委員会のメンバー構成として，安全保障理事会から7カ国，経済社会理事会から7カ国，国連への財政貢献上位10カ国より5カ国，PKOなどへの要員派遣上位10カ国より5カ国，その他地域バランスなどを考慮した7カ国の計31カ国とされている。

なお，2006年の発足時メンバー国は，安保理選出国として，中国，フランス，パナマ，ロシア，イギリス，南アフリカおよびアメリカの7カ国。経済字社会理事会からアンゴラ，ブラジル，ギニア・ビサウ，インドネシア，スリランカの5カ国（空席2カ国）。財政拠出金上位国のドイツ，イタリア，日本，オランダ，ノルウェーの5カ国。PKO貢献国よりバングラデシュ，ガーナ，インド，ナイジェリア，パキスタンの5カ国。そして，総会から選出された，ブルンジ，チリ，クロアチア，エジプト，エル・サルバドル，フィジー，ジャマイカの7カ国である。任期は2年間であり，日本の役割に国際的な注目が集まっている。

地域金融機関の動向

平和構築分野に関係する国際開発金融機関として，ブレトンウッズ機関以外にもアジア開発銀行（ADB：Asian Development Bank），アフリカ開発銀行（AfDB：African Development Bank），イスラム開発銀行（IsDB：Islamic Development Bank）など，地域に特化した機関がある。このほかにも，米州開発銀行（IDB：Inter-American Developmnet Bank），欧州復興開発銀行（EBRD：Europeand Bank for Reconstruction and Development）があるが，平和構築分野での供与は行っていない。

そのうち，ADBは1966年に設立された地域開発金融機関であり，その設立以来，日本は資金的な面で大きな貢献をしてきた。拠出金比率や投票権比率をみても，アメリカと並んで一貫して最大の株主であり，歴代総裁は日本人で

ある。歴史的には，アジアの国内に紛争をかかえる国々に対する ADB の融資政策は，相手国政府が安定している限りは，国内の民族紛争の問題（フィリピンのミンダナオ，スリランカのタミル人問題）は内政問題であるとして，開発課題として取り上げてこなかった。しかし，1990 年代にカンボジアや東ティモール，アフガニスタン，スリランカなどで内戦後の復興支援が大きな課題となるにともない，平和構築支援分野での役割を増してきている。

2004 年，インドのグジャラート地震に対する支援をきっかけとして，ADB は災害・復興支援の指針を作成し，支援が本格化した。2005 年には，世銀のグラント支援の枠組みの拡大と呼応して，貧困削減を目的とする案件については，グラントを含めた支援が可能となる支援スキームをつくった。たとえば，アフガニスタンについては，ADB は 2001 年末のタリバン戦争終結の直後から支援に力を入れ，能力開発のための支援プログラムや，小規模のパイロット事業を実施してきたほか，セクター横断的なプログラム融資や緊急インフラ復興再建事業などの融資も行なった。

他方，アフリカ諸国向けの融資を行う AfDB は，世界銀行が開発途上国の政策や制度のパフォーマンスを示す指標として作成している国別政策制度評価（CPIA：Country Policy and Institutional Assessment）に基づいて，比較的パフォーマンスの良い国に対して譲許的融資を供与してきた。しかし，アフリカには多くの紛争経験国が存在しており，こうした国々に対する支援をどうするかは大きな課題であった。2004 年に承認された新しいポスト・コンフリクト政策ガイドラインに基づき，ポスト・コンフリクト国別ファシリティ（Post-Conflict Country Facility：PCCF）が設置された。この新しい枠組みによって，2004 年にブルンジ，コンゴ共和国が債務の削減を受けている。譲許的融資や債務削減のほかに，アフリカ開発銀行は，アフリカ開発基金の資金によるグラントを使って，緊急支援，その国の開発政策やセクター業務を円滑に行なうための助言的サービス，民間セクターを通した効果的なサービス提供の支援，などを行なっている。

さらに，中東・イスラム地域にとって重要な金融機関が IsDB である。IsDB は，世銀や国連と関係を持つ開発銀行ではなく，**イスラム諸国会議機構**（1969 年に第 1 回イスラム首脳会議で創立が決議され，1971 年に設立されたイスラ

ム諸国による国際機関）の一機関である。55カ国余が加盟し，イスラム諸国に対するプロジェクト融資，資本参加，技術援助，海外貿易金融を業務としている。アフガニスタンの復興支援でもその存在感を示しており，世界銀行，UNDP，アジア開発銀行とならんでARTFにおける各国の拠出金管理も責任を有している。

> *Column 5* カンボジアにおけるADBの取組み──地方開発のためのコミュニティ強化
>
> 　ADBは，UNTAC統治の直後からカンボジアへの支援に力を入れてきた。1992年に始まるADBの復興開発支援のなかで，地方での灌漑施設整備や，地方金融など，地方での開発事業を進めてきた。しかし，こうした地方での開発を進めるにあたり，まだ中央政府の行政的な統治が及んでおらず，他方で地方レベルの行政制度も整っておらず，ドナーとしては事業実施者としてどこを相手にし，事業の実施と運営を任せていくかという課題があった。
>
> 　ADBは，そのため村落評議会を受け皿として地方の開発事業を進めていった。ただし，コミュニティ・レベルでも案件の実施・運営能力がかならずしもあるわけではないので，特定分野での能力開発・人材育成を併用しながら，地方開発を進めていった。
>
> 　近年になって，カンボジア政府も，内務省を核としてようやく地方行政の強化と地方分権制度の整備に着手し，地方の農村開発案件は中央政府の国家計画と予算の枠の中で進められつつある。こうしたコミュニティを基盤とした「下からの制度づくり・能力開発」と，国家レベルでの中央政府を通じた「上からの制度づくり・制度構築」とが，補いあってようやく収 斂(しゅうれん)してきたともいえるのではないだろうか。

3
主要二国間ドナーの対応

外交政策としての開発援助

　二国間機関は程度の差はあれ，各国の国益を追求する手段として，政府開発援助（ODA：Official Development Assistance）を活用してきている。ただし，ODAの活用の仕方や分野，さらには非ODA手段との連携方法は国により異

なっている。JBICによる調査（JBIC 2004）によれば，ODAがカバーしていると思われる政策目的としては，大別して，①人道・貧困削減（人道的観点から，ないし貧困削減の観点から，必要とされる人々を救済すること），②歴史・文化・社会関係の維持（歴史的，文化的，社会的に重要な国との関係を維持し推進すること），③国家イメージの向上（自国のステータスを高めること，および民主主義・人権などの政治的理念を普及させること），④国内問題対策（移民問題や余剰

表4 ODAの政策目的と手段

手　段	目　的	人道/貧困削減	歴史/文化/社会関係の維持	国家イメージの向上	国内問題対策	安全保証	貿易投資促進
開発援助政策	有償資金協力	仏,蘭,デ	米(〜80s),仏,加	蘭,デ	加	独,デ	仏,米(50s),独,蘭(80s),デ
	無償資金協力/技術協力	米,英,仏,蘭,デ,加,豪	米,英,仏,豪	米,英,蘭,デ	加	独,デ,豪	英(80s),独,加,豪
	緊急支援	蘭,加,豪	豪			英(90s〜),蘭(90s〜)	
	債務削減	英,仏,独	英	英,仏			
	その他	米,独,蘭,デ,加	英	蘭,デ	米	米,デ,加	蘭
貿易投資関連政策		米,加					米,英,仏,独,蘭,デ,加,豪
軍事的介入・援助			仏			米,英,仏,独(〜90s),豪	
同　盟			英			米	
PKO/平和構築		蘭,デ		仏,デ		米,英,仏,独(〜90s),蘭,加,豪	
グローバル・イシューにおける協力		英,独,蘭,デ		英,蘭,デ			
人的交流政策		豪	英,仏		仏,豪	豪	

出典：JBIC（2004）
注：デ＝デンマーク

農産物処理など,国内で生じている社会問題に対処すること),⑤安全保障(自国の安全保障の観点から重要な国との連携を強化し,あるいはその国の軍事的強化や安定化を図ること。または紛争地域の安定化を図ることによって自国の安全保障を確保すること),⑥貿易・投資促進(自国企業の対外貿易・投資を促進し,経済の振興を図ること)があげられる。

その政策目的のうち,「安全保障」を達成するために ODA を活用していると考えられる国は,フランスを除くすべての調査対象国(アメリカ,イギリス,デンマーク,ドイツ,カナダ,オーストラリア)であるとしている(表4)。フランスは伝統的な軍事介入・軍事援助や PKO への参加を通じた平和構築へのコミットメントは行っているものの,開発援助との関係は希薄となっている。ドイツは湾岸戦争以降,PKO に積極的に参加するようになっている。より詳細な学術的検証は必要とされるであろうが,この調査は ODA をめぐる政策論議に一石を投ずるものであった。

この節では,アメリカ,イギリス,ドイツ,フランスの平和構築支援を比較しながら,各国の平和構築支援の特徴を探ることとしたい。

国家安全保障を重視するアメリカ

アメリカの対外援助は第二次世界大戦後,東西冷戦が深刻化するにつれて,共産主義封じ込めの手段としてはじまった。そのため,1945～50 年代にかけて,西欧諸国(マーシャルプラン),日本の経済復興支援が大々的に行われたのである。1960 年代には援助を南ベトナム,台湾,韓国,中南米に拡大させ,共産主義革命の温床としての貧困・南北格差問題に取り組むようになり,USAID(アメリカ国際援助庁)が設立された。1970～80 年代には,中東地域への援助を拡大させ,イスラエル,エジプトがアメリカの最大の援助供与国となった(Lancaster 2007)。

冷戦が崩壊した後の 1990 年代は,冷戦型の戦略援助が存在意義を失ったため,ODA 予算が大幅に削られた時代である。他方,旧ソ連,東欧諸国において,市場経済化,民主化を支援するための援助が行われた時期である。各国とも ODA 予算が削られてきたこともあり,開発援助の質が問われるようになり,援助効果が確認できない案件は実施できなくなった(図9)。援助額は逓減した

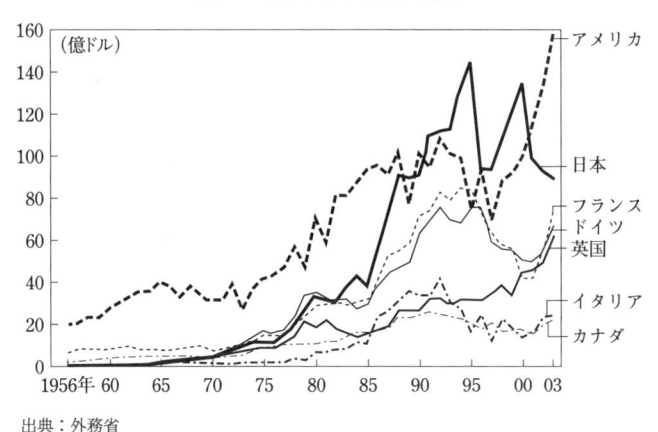

図9 主要国 ODA 実績の推移

(縦軸：億ドル、横軸：1956年〜03年)

凡例：アメリカ、日本、フランス、ドイツ、英国、イタリア、カナダ

出典：外務省

が，援助の質に対する関心は高まった時代でもある。

　こうした状況を一変させたのが，2001年9月11日の同時多発テロである。9.11事件以降，アメリカや主要ドナーが相次いで，安全保障を中心とする外交戦略を達成するための手段として開発援助を位置づけたからである。9.11事件以降，「貧困がテロの温床になる」との問題意識により，アメリカの援助額は拡大し，二国間援助で日本を抜いて世界一の供与国となった。2002年9月には大統領府より，「国家安全保障政策」が発表され，そのなかで，「貧困は人々をテロリストや殺人鬼に変えることはないが，貧困は，脆弱な制度，汚職とならんで，国家が国際的なテロリスト組織や麻薬組織に対する脆弱性を高める」と明記した。こうした流れを受けて，2003年8月には「国家戦略5カ年計画2004〜09」（国務省・USAID合同）のなかで，平和構築・民主化支援が大きく取り上げられている。

　国務省・USAID合同戦略計画はその使命を「より安全で，民主的，繁栄した世界をアメリカ国民と国際社会のために構築する」ことと規定し，「平和と安全を達成すること」「持続的開発と国際的利益を推進すること」などを戦略目的としている。それぞれの目的の下に，テロ対策として失敗国家の支援や民主主義・人権の達成などの具体的な目標が掲げられているのが特徴である。

　また，2002年3月にアメリカの平和構築支援の中核をなす，「ミレニアム挑

戦会計（MCA：Millennium Challenge Account)」が発表された。これは，主として貧困国を対象に支援を強化するための新たな支援の予算であるが，その成立の背景に，2001年9月の同時多発テロにより，テロの温床が貧困国にあり，またそうした途上国の民主化を促進することがいっそう重要であると考えられたことがある。また，その支援にあたって，民主化の度合いをもとに援助対象国を「選別」する姿勢をさらに鮮明にしている。そこでは，明確な成果を上げるための傾斜的な援助配分の方針を打ち出し，対象国の3つの選定基準のひとつとして「正しく民主主義的な統治（法の支配，人権，透明性，説明責任など）」を掲げた。

他方，アメリカの平和構築支援は軍との密接な協力で行われてきたという特徴もある。たとえば，アフガニスタンにおいて，治安状況が改善しない中で民生への支援を行なう新たな枠組みとしてPRT（Provincial Reconstruction Team，地域復興チーム）をつくった。これは，軍事要員と文民援助専門家をチームとして一体化させて復興支援を行うというもので，アフガニスタンではアメリカが主導するかたちでPRTがすでに実施されている。治安が悪化している地域にこそ復興開発のニーズは高いが，治安が悪いために援助ができない，という矛盾を取り除くために大いに期待されている。

貧困削減を通じたイギリスの貢献

イギリスの国際開発戦略は，政権与党中枢部である首相官邸・内閣が指導力を発揮して形成される。特に，1997年のブレア労働党政権の発足により，外務省から開発援助部門を独立させ，DFID（国際開発省）を設立し，閣内大臣を配置して国際開発戦略の策定・実施についての大きな権限を与えている。DFIDは一言でいえば，貧困削減に限定した援助体制である。この貧困削減への体制は2002年6月に発効した「国際開発法」でさらに強化され，貧困削減が法的にもイギリスの開発支援の目的であると規定している。また，ブレア政権は**新公共経営論**（New Public Management）を取り入れ，政策分野全般にわたり選挙民との「契約」を最重視していることから，政権公約・国際公約において具体的な成果を挙げるツールとして，公共政策を国民と合意した「サービス」であると定義し，それを効率的に提供するためのツールとして「公的サー

ビス契約」(Public Services Agreement：PSA) を導入した。たとえば, 2003～06年のPSAでは, 上位目標として, 貧困削減を中心とするMDGの達成が位置づけられている。また, PSAのひとつの柱として「国際機関の貧困削減や紛争・人道支援面で, よりインパクトを増やすこと」が目標として掲げられている。

では, 紛争国の問題を, イギリスのこうした貧困削減をめざす援助政策のなかでどう位置づけているのであろうか。DFIDは2000年の白書で, 紛争と貧困との関連について言及している。紛争分野への支援は貧困削減の一環として捉えられており, 実際の援助の実施面でもこれを反映したものとなっている。紛争と貧困の関係についてDFIDは,「紛争は人々の生命や社会経済を破壊し, 基礎的サービスへのアクセスを減少させるもの」として捉えている。また「難民というかたちで大規模な人の移動をもたらし, 人権を蹂躙するばかりでなく, 長期的にも社会の分裂を引き起こす」としている。このことから, 紛争のリスクおよびその被害を減少させ, 平和で安定した社会経済状況をつくることは, 貧困削減および究極的な開発の目標を達成する上で不可欠なものであると考えている。

Column 6 **新公共経営論 (NPM) と援助政策**

新公共経営論 (NPM：New Public Management) は1980年代にイギリスやニュージーランドで導入され, その後アメリカなどに普及してきた「成果中心主義」を中心とし, 民間部門の効率や経営の考え方を公共部門に取り入れようとする動きである。その特徴は「予算がどれだけ消化されたか」ではなく,「政策目的がどの程度達成されたか」により, 政策が評価され, その評価結果が翌年の予算査定に大きな影響を与える方式で, 予算編成方式の改革をともなうものである。日本でも2002年に行政評価法が成立し, こうした国際的なNPMの潮流に沿うこととなった。ODA予算はNPMの中でも特に成果が問われる分野であり, 貧困削減を中心としたMDG, さらに国別PRSPが重視されるようになったのはこうした背景がある。アメリカにおいては, 1993年から業績主義予算を実施しており, フランス, ドイツにおいても成果中心の予算編成方式が徐々に導入されてきている。

旧植民地圏への協力を重視するフランス

　ODA供与額でアメリカ，日本に次ぐ援助大国であるフランスには，従来体系的な対外援助政策と呼べるものは存在せず，援助に関する基本法もなく，また，援助全体を統一する単一の省庁も存在しない状況であった。近年になり，ODA行政改革の一環として，援助効率を高めようという機運が高まり，1998年には「省庁間国際協力開発委員会」（事務局は外務省および経済財務産業省で，関連12省庁が参加）が設立された。

　他方，フランスの援助は従来からフランスと旧植民地を繋ぐツールとして，貿易・投資などによる経済的利益をもたらすものとして重視されてきた。主要援助国はアフリカを中心とする旧植民地・海外領土だが，近年コート・ジボアールなど，旧植民地で紛争が勃発するようになり，平和構築への配慮を余儀なくされている。しかし，旧植民地以外の国々に対する援助はさほど大きくない。アフガニスタンに対する援助金額ついても主要ドナーの中でも少額にとどまっている。

　フランスにとって，ODAは国益を追求するための手段であっても，国際平和や紛争という問題を解決する手段とは位置づけていないようである（JBIC 2004）。平和・紛争の問題は外交や軍事の問題という伝統的な考え方をとっていると考えられる。そもそも，フランスではアメリカやイギリスと異なり，白書や戦略，大綱といった国家中長期戦略のなかで対外援助戦略が文書化されたかたちで発表された経緯はなく，時々の政権指導部による政治声明などが重要な役割を果たしてきた。また，ODA分野において成果主義が導入されるのも，2001年に予算編成方式がこれまでの行政主導から議会主導に改正されてからのことである。

　それでも2002年にはODA行政の縦割りを改善し，援助効率を高めようという気運が高まり設立された，「省庁間国際協力開発委員会」が「より強固なグローバル化を目指したフランスの対外援助政策」という白書を提出している。この白書はフランスが，フランスおよびEUの立場を強化しながらMDGやNEPAD（New Partnership for Africa's Development，アフリカ開発のための新パートナーシップ）で掲げられた国際的な政策目標をどのように達成するべきかを示した基本文書となっている。ただし，具体的な目標や指標を達成するため

の文書ではなく，フランスの援助理念について述べたものである。なお，こうした政策文書のなかに「平和構築」に関する項目は見当たらない。

このように，フランスの援助目的のなかには平和構築という文言はないものの，実際の外交舞台においてはフランスは国連安保理の常任理事国として国際舞台で，独自の外交戦略を遂行してきた。軍事戦略面においても，アメリカの傘下に入ることはなかった。アフガニスタン戦争において，米軍に全面協力したフランスが，国連安保理の席上，イラク戦争について真っ向からアメリカと対立したことは記憶に新しい。フランスはバイのレベルではなく，むしろ国際機関や国際会議のマルチの場において，積極的に発言することにより，国際秩序に対する独自の貢献を行っているようである。それがフランスの影響力の行使ということで，フランスの定義する国益，外交戦略に合致している。

紛争予防重視のドイツ

ドイツの援助体制は複数の省庁が絡む多元的制度である，という点において日本と似ている。BMZ（連邦経済協力開発省）がドイツ全体のODA予算の7割を所掌し，開発協力政策全体の立案を担当する。また，GTZ（ドイツ技術協力公社）が技術協力を，KfW（復興金融公庫）が資金協力（無償および有償資金協力）とNGO支援をそれぞれ担当する。KfWが投資支援を行い，GTZが職業訓練を行うというようなかたちで民間のパートナーの支援も行っている例もある反面，プロジェクトのスピードを重視することからGTZが独自に途上国での地域住民に簡便に利用できる基金を創設したり，小規模のプロジェクトを実施するNGOなどに資金を供与するといったことも行っている。

平和構築分野について，ドイツ政府は総合的な安全保障政策の重要な課題と位置づけている。ただし，これまでの歴史的な経緯もあり，独自の外交戦略をとることを意識的に避けてきた面があるが，1998年以降の連立政権覚書や「2015年に向けた行動計画」を通じてドイツの対外援助のありかたを内外に示している。2005年秋の総選挙で社民党が過半数割れし，キリスト教民主同盟（CDU）と連立を組むまでは，緑の党が外相を務め，ODA政策も環境政策などを重視するなど，緑の党の色の濃いものであった。平和構築論との関連では，BMZはその基本戦略において，開発政策を「経済，社会，環境，政治状況を

改善することを通じて，紛争の根本原因を取り除く，あるいは減じるべきもの」として位置づけている。その上で紛争予防，解決，紛争後の復興を，広義の安全保障として捉え，政治，経済，環境，社会の安定を包括的に取り扱う対象としている。

また，2001年春にドイツ政府が発表した「開発政策に関する第11次報告書」のなかで，途上国の「政治的安定」を，社会的公正，効率的な経済，環境面での持続性とともに，重要目標のひとつと位置づけている。そのうえで，開発政策は紛争や国家の破綻の構造的要因を減少させるものとして位置づけている。また，2005年4月には「2015年に向けた行動計画」を発表している。このなかで，援助の優先分野として，貧困削減，経済成長などと並んで，「紛争を平和的に解決し，人間の安全保障と軍備縮小を促進すること」を中心的な課題として挙げている。

なお，ドイツは，19世紀末から第一次世界大戦にいたるイギリス・ロシアとの帝国主義的拡張路線の対抗の中でアフガニスタンを重視し支援してきたという歴史的経緯があり，今日でもアフガニスタン国民の親ドイツ意識は強い。2001年末のボン会議や2004年3月のベルリン会議を開催するなど，国際社会のアフガン支援のとりまとめを側面支援する一方，アメリカ・イギリス・日本とならぶアフガニスタンに対する主要ドナーのひとつである。

4
日本のとりくみ

日本のODAと平和構築の歴史

日本の資金協力は1950年代のビルマ，フィリピン，インドネシア，ベトナムに対する戦後賠償に端を発する。その後，「円借款」という市場金利以下の融資条件での貸付がはじまり，インド（1958年），パラグアイ（1959年），南ベトナム（1960年）などへと拡大し，日本のODAの中心的役割を担うようになった。この一翼を担ったのが1961年に設立された**海外経済協力基金**（OECF：Overseas Economic Cooperation Fund）で，その後，1999年に日本輸出入銀行と統合して**国際協力銀行**（JBIC：Japan Bank for International Cooperation）と

なった。他方,技術協力は1975年に設立された**国際協力事業団**（2003年には独立行政法人化し,**国際協力機構**として発足,JICA：Japan International Cooperation Agency）が担当し,無償資金協力は外務省が直轄事業となった。そして,2008年にはJBICとJICAが合併し,無償資金協力事業も行う,新生JICAが発足することとなった。

日本のODAの特徴は円借款が比較的大きな割合を占めてきたことである。現在,主要ドナーのうち,ローンを援助モダリティとして活用している国は日本,ドイツ,フランスである。ドイツ,フランスではおよそ9割を贈与が占めているのに対し,日本はおよそ5割がローンである。円借款の貸付実行額は6,597億円（2004年）で,譲許的条件で融資を行う世銀グループのIDA（国際開発協会）の8,950百万ドル（2005年）に接近し,ADBグループのADF（アジア開発基金）の1,247百万ドル（2005年）の約5倍に相当する。

日本のODAにおいて譲許的ローンが活用されてきた背景には,おおよそ次のようなものが挙げられる。第1に,ドナー側の財政事情により資金的制約のあるグラント（贈与）と異なり,ローンであればインフラの整備を中心に大規模な資金を動員できること。第2に,長期にわたって便益をもたらす公共事業においては,借り入れで実施し,長期間にわたって返済を行うという仕組みは経済的合理性があること。第3に,借り入れを行う途上国政府は,返済義務が生ずるため,グラントの場合と比較してより強いオーナーシップ（自主性・自助努力）を持ってプロジェクトの選定,実施を行う必要があり,プロジェクトの効率性を高めることができること。第4に,ローンによる大型インフラ整備が各国のマクロ計画の中で位置づけられ（インドネシア,中国など）,日本としてもこうした計画を政策面,技術支援,無償資金協力において側面支援することが可能だったこと。第5に,こうした大規模事業の実施を通じて,借入国の制度・人材が強化され,さらにそのことが民間主導の発展に結びつくことが期待されることなどである（中尾 2005）。

戦後賠償としてスタートした日本のODAが現在のように平和構築支援を担う外交手段として認知されたのは比較的最近のことである。オイルショックが日本経済全体を震撼させた1970年代には産油国に重点的にODAを供与し,ODAを資源確保の手段として活用した。その後,1980年代には対米貿易黒字

が経済摩擦を生み出すことになり、「黒字還流策」として ODA が使用された。当時の政府が掲げていた表向きの援助理念は「相互依存関係の認識」「人道的配慮」などというものであったが、資源外交や対米配慮といった本音とは乖離したものであった。

日本の ODA は円借款が中心的な役割を担ってきたこともあり、日本の通商政策を補完する役割が担われてきた。欧米ドナーは無償資金による援助が中心であるなかで、日本が円借款というローンを供与し続けることの根拠として、「自助努力支援」が言われ続けてきた。自助努力支援とは、開発の主体は途上国自身であり、ドナーとしては内政干渉となることは避け、その国自身の努力を ODA によって間接的に支援するという考え方である。これは、欧米諸国のように途上国の民主化や人権問題に介入し、その改善の見返りに援助を行うといったことは避けようとするものである。途上国の主体性を重視するということであるが、その反面、日本が援助を行っていた国の多くは、民主化・人権面で問題を抱えて、現に、民主化前の韓国、フィリピン、インドネシアに対して日本は多額の援助を供与し、1989年の天安門事件以降、欧米諸国が中国に対する援助を停止するなかで、供与し続けたのは日本のみである。こうしてみると、日本の自助努力支援が結果的に途上国の独裁体制を温存させるのに間接的に貢献した面は否定できない。

冷戦崩壊から湾岸戦争へ
このような日本の通商重視・政治軽視の援助政策が転機を迎えるのは、1990年代以降の国際情勢の変化によってである。ODA 政策の転換はいくつかの政治的契機に後押しされるかたちで行われた。まず第1の契機が、1991年に勃発した湾岸戦争である。この戦争で日本は多国籍軍に対して総額130億ドルもの資金提供を行ったが、日本が最大の資金上の貢献を行ったにもかかわらず、それに対する国際的な認知が一切行われなかった。湾岸戦争終結後、クウェート政府は多国籍軍に参戦した各国に対して感謝の意を国際的に表明したが、そのなかに日本は含まれないという外交的屈辱を味わった。

国内世論では、国際紛争に対して人的貢献をすべきという論調が高まり、ときの宮沢政権は「国際平和協力法」（PKO 協力法）を1992年に成立させた。

PKO協力法は国連平和維持活動への参加を可能にする法律であり，同法第3条により，その活動内容を「国際連合平和維持活動」「人道的な国際救援活動」「国際的な選挙監視活動」「国際平和協力業務」「物資協力」を行うことを定めている。PKO協力法は自衛隊の海外派遣をはじめて可能にするものであり，当時国論を二分する大議論が行われた。

当時のリベラルな論客を代表する鴨（1990）は，PKO協力法発動の前提となる国連決議の位置づけのあいまいさ，自衛隊の海外派兵が集団的自衛権を認めない日本国憲法に違反する可能性があること，さらに，安全保障構想に対する方針もなく，なし崩し的に法案を通過させたことへの問題を危惧している。2003年，国連決議を踏まずして，イラク戦争が再発し，日本が**イラク特措法**を制定して自衛隊を派遣したことは，PKO協力法が国会を通過した時点で，すでに運命づけられたといってよい。日本の政策決定者がその時々の国際情勢に翻弄(ほんろう)され，アメリカの国際戦略に巻き込まれながら，自衛隊を派遣していった，その後の成り行きを考えた場合，鴨の危惧は今日においてなお，一層説得力を持つものである。

　　日本は，特定地域のレヴェルでも，またより広く世界のレヴェルでも，あるべき国際安全保障の仕組みや，新たな国際秩序の構想をほとんど打ち出さないまま，今回の平和協力法案を，出した感をぬぐえない。「国連を中心とする国際の平和と安全のための努力は，今回の事態にとどまらず，今後益々その重要性を高めていく」との政府の明確な認識が平和協力法案提出の背景にあるならば，なぜ，もっと創意性のある国際平和と安全のための「大構想」（グランド・デザイン）について，これを示す政策の努力の姿勢だけでも明らかにしなかったのか。

ともあれ，こうした慎重論があったにもかかわらず，PKO協力法案成立後の1992年，海上自衛隊はペルシャ湾の機雷除去を目的として掃海艇を派遣し，戦後はじめて自衛隊を海外に派遣する前例をつくった。同年，カンボジアに対しては施設大隊，停戦監視要員が派遣された。自衛隊の海外派遣が実現したことは，ODAが日本の外交あるいは安全保障のなかで明示的に位置づけられるきっかけとなった。まさに戦後の転換点といってよい。

こうして，1992年以降，日本がPKO（国際平和維持活動）に人的貢献を行ってきた。国連カンボジア暫定行政機構（UNTAC, 1992-93）には，元国連事務次長の明石康氏が代表として就任し，自衛隊も停戦監視要員，文民警察要員，施設部隊を派遣した。その後，モザンビーク，東ティモール，アフガニスタン，イラクで国連人道支援に参加し，アンゴラ，カンボジア，モザンビーク，エル・サルバドル，ボスニア・ヘルツェゴビナ，東ティモール，コソボ，アフガニスタンで選挙監視活動に参加している。

さて，PKO協力法が成立した1992年に，「ODAの憲法」とも言うべき**政府開発援助大綱**（ODA大綱）が閣議決定されたのは偶然ではない。ODA大綱は，日本のODAの基本理念を明確に打ち出した最初の公式文書である。こ

Column 7　イラク特措法

法律の正式名称は「イラクにおける人道復興支援活動および安全確保支援活動の実施に関する特別措置法」で2003年7月に成立した法律である。第1条において

第一条　この法律は，イラク特別事態（国際連合安全保障理事会決議第六百七十八号，第六百八十七号および第千四百四十一号並びにこれらに関連する同理事会決議に基づき国際連合加盟国によりイラクに対して行われた武力行使並びにこれに引き続く事態をいう。以下同じ。）を受けて，国家の速やかな再建を図るためにイラクにおいて行われている国民生活の安定と向上，民主的な手段による統治組織の設立などに向けたイラクの国民による自主的な努力を支援し，および促進しようとする国際社会の取組に関し，我が国がこれに主体的かつ積極的に寄与するため，国際連合安全保障理事会決議第千四百八十三号を踏まえ，人道復興支援活動および安全確保支援活動を行うこととし，もってイラクの国家の再建を通じて我が国を含む国際社会の平和および安全の確保に資することを目的とする。

と規定されており，形式的には安保理決議を経た「人道復興支援活動」および「安全確保支援活動」を実施するとしている。

この法律をめぐっては，「戦闘地域」と「非戦闘地域」をどのように区別するのかが，国会審議の焦点となった。党首討論において，小泉首相（当時）は「法律上は，自衛隊の活動している所は非戦闘地域」と答え，野党の批判を浴びた。

の大綱の基本理念は,「環境と開発を両立させる」「軍事的用途および国際紛争助長への使用を回避する」「国際平和と安定を維持・強化するとともに,開発途上国はその国内資源を自国の経済社会開発のために適正かつ優先的に配分すべきであるとの観点から,開発途上国の軍事支出,大量破壊兵器・ミサイルの開発・製造,武器の輸出入等の動向に十分注意を払う」「開発途上国における民主化の促進,市場指向型経済導入の努力並びに基本的人権および自由の保障状況に十分注意を払う」ことを原則とするものである。環境,軍事,民主主義といった,従来途上国の「自助努力」にゆだねられていた領域が,日本が主体的に関与する分野へと変化した。その背景には,湾岸危機を契機に,国際社会ではイラクの軍事大国化を許してしまった反省があり,途上国の軍備管理・軍縮に向けて一層の努力を行う必要が改めて認識されたことがある。また,中・東欧およびソ連の激動と変革は,開発途上国においても民主化,市場経済の導入,人権の尊重が推進されるべきとの議論を強め,日本としてもこうした分野に「人的貢献」をすべきだとの世論が高まった。

1990年代の国際情勢の変化を受け,平和構築論をめぐる国際機関や主要ドナーによる議論が盛り上がりをみせ,1997年および2001年にDACが平和構築に関するガイドラインを発表し,紛争予防を貧困削減と持続的開発の中核に位置づけ,平和構築を促進するために開発援助を通じて積極的に関与すべきという立場を表明したことはすでに述べたとおりである。

こうした国際的潮流もあり,日本政府は1998年,ODA政策方針に「人間の安全保障」を据えることを明らかにしている。これは1999年の「ODA中期政策」に,「顔の見える援助」などとともに明文化された。同年,日本政府の働きかけにより,国連内に「人間の安全保障基金」を設立した。日本政府が掲げる「人間の安全保障」とは,「人間の生存,生活,尊厳に対する脅威から各個人を守り,それぞれの持つ豊かな可能性を実現するために,一人ひとりの視点を重視する取り組みを強化しようという考え方」である。この基金は1999年に日本政府が国連に設置したものであり,2004年度までに約290億円を拠出してきており,国連に設置された信託基金のなかでも最大のものとなっている。基金の目的は人間の安全保障の側面から,貧困・紛争・地雷・難民問題・麻薬・感染症・環境破壊・自然災害などの脅威に取り組む国際機関のプロ

ジェクトを支援することである。これまで，コミュニティ復興，職業訓練，食糧増産，児童保護などの保健医療分野，難民・国内避難民支援分野，旧民兵に対する職業訓練などの支援実績がある。こうした背景には，日本の常任理事国入りを想定した国連改革の議論があり，日本の平和構築への貢献を国際社会にアピールする目的もあると考えられる。人間の安全保障論はまさに，日本のODA外交の中心軸として位置づけられているといってよい。

9.11事件以降

　ODA政策転換の第2の契機は，2000年前後の途上国における紛争の激化である。まず，1999年に起きた東ティモール独立選挙をめぐる暴動である。国連安保理決議を経て国際軍を投入して併合派民兵を平定し，2000年初頭には，JICAが現地暫定事務所を開設し，支援体制を整備している。また，2001年9月11日に起きたアメリカ同時多発テロ事件以降のアフガニスタン・タリバン勢力の崩壊も大きい。2001年12月のボン合意を受けて，翌2002年1月には緒方日本政府代表を議長とする復興会議が東京で開催されている。日本の平和構築に対する並々ならぬ決意を国際社会に表明する絶好のチャンスに，日本は国際ドナーのなかでも最大限の資金供与を約束した。

　2002年初頭のアフガニスタン復興東京会合に前後して，機密費などをめぐる一連の外務省スキャンダルが起こり，メディアをにぎわせるようになっていた。その後，外務省改革の一環として，汚職の原因ともなったODAの改革案をまとめることとなった。2002年7月には外部有識者により，ODA改革案が提出された。そして，ODA改革の集大成として，ODA大綱の見直しが行われるようになり，2003年8月にはODA大綱が11年ぶりに改正された。

　新ODA大綱の特徴としては，貧困削減，持続的成長，地球的規模の問題への取組と並んで，平和構築が重点分野として明示されたことである。これは旧ODA大綱よりもさらに一歩踏み込んだ内容である。

　　開発途上地域における紛争を防止するためには，紛争のさまざまな要因に包括的に対処することが重要であり，そのような取組の一環として，上記のような貧困削減や格差の是正のためのODAを実施する。さらに，予防や紛争下の緊急人道

支援とともに，紛争の終結を促進するための支援から，紛争終結後の平和の定着や国づくりのための支援まで，状況の推移に即して平和構築のために二国間および多国間援助を継ぎ目なく機動的に行う。

具体的には，ODAを活用し，たとえば和平プロセス促進のための支援，難民支援や基礎生活基盤の復旧などの人道・復旧支援，元兵士の武装解除，動員解除および社会復帰（DDR）や地雷除去を含む武器の回収および廃棄などの国内の安定と治安の確保のための支援，さらに経済社会開発に加え，政府の行政能力向上も含めた復興支援を行う。

新ODA大綱が発表された2003年に，JICAは国連高等難民弁務官として戦乱の地を渡り歩いてきた緒方貞子理事長を迎えて独立行政法人化され，JICAの新たな使命として平和構築支援を「独立行政法人国際協力機構法」のなかで明文化させた。東ティモール，アフガニスタン，イラクへの支援が拡大した。さらに，2008年度にはこれまでJBICで担当していた円借款，外務省が直轄管理していた無償が，JICAの管轄となることが決定しており，技術協力・無償・円借款を駆使した平和構築支援が展開されることが期待されている。

そのJICAは，すでに2003年に「課題別指針：平和構築」を発表している。それによれば平和構築支援の目的は「紛争につながる構造的要因を抱える国々や，一部地域において散発的な紛争を抱えている国，紛争終結後の国々に対し，これらの国々自らが紛争を回避し，長期にわたって安定的な発展に取り組むことができるような能力を強化すること」であるとしている。そして平和構築の重点分野として「和解」「ガバナンス支援」「治安回復」「社会整備基盤」「経済復興支援」「社会的弱者支援」「人道緊急支援」の7分野を掲げている。

平和構築支援への具体化とモダリティの選択

国際機関や二国間機関は，それぞれ平和構築において独自の定義，関与を行ってきている。また援助機関の役割や介入の時期も異なってきた。復興・開発の現場においては，こうした違いが関係機関の調整の欠如につながり，結果として，援助効果が発揮できないということがある。特に，紛争直後の人道支援を実施するUNHCRのような機関と，中長期的な開発を担うUNDPや世銀

をはじめとする機関の間のギャップを埋めるという視点が重要となっている。このようなギャップを防ぐため，各機関が連携して緊急人道支援から復興・開発支援に取り組むことができるように，連携する仕組みとして試行されているのが，いわゆる JAM（Joint Assessment Mission，合同審査ミッション）や CAP (Consolidated Appeal，強化されたアピール）と称される取り組みである。JAM は，世銀などが実施する復興ニーズに関する合同調査の取組みであり，CAP は，国連が主体となりとりまとめる緊急援助ニーズに関するアピールである。すでに JICA は東ティモールやスーダンにおいて JAM に参加した実績がある。

　もちろん，「平和の構築」に向けた日本の努力は，ODA に限定されるものではない。PKO などの自衛隊の派遣，平和構築のための軍備管理や外交努力など多岐にわたる。日本が平和構築のために行ってきた取組みとしては，予防外交・和解調停といった外交努力，自衛隊による国連平和維持活動への貢献，武器禁輸などの規制措置，地域機関や国際機関を通じた平和維持活動や緊急人道支援に対する関与と貢献，人道・復旧・復興支援，政治・経済・社会制度の構築支援など，多岐にわたる。これには，外務省，JICA，JBIC，防衛省・自衛隊，国際平和協力本部などの関連機関の活動も含まれる。

　こうした平和構築のための取組みのうち，ODA によって実施される支援としては，難民・国内避難民への支援，和平プロセスの促進への支援（選挙支援など），人道・復旧支援（基礎生活基盤の復旧など），国内の安定・治安の確保のための支援（DDR，ガバナンス支援など），復興・開発支援（インフラ整備など）がある。そうした ODA を通じた平和構築支援のスキームとして，借款，無償資金協力，技術協力，緊急援助など，二国間の援助スキームのほか，国際機関（国連関係機関や国際開発金融機関など）や国際 NGO を通じた支援，平和構築の対象国に対する国連や国際開発金融機関の信託基金を通じた支援もある。日本の平和構築支援の大半は無償資金協力や技術協力で占められており，有償資金協力，すなわち，円借款による支援はまれである。これは，紛争経験国の多くが，対外的な債務を受け入れる経済状況にないこと，つまり債務負担能力がないことが主な原因である。しかし，紛争経験国であっても，石油資源などにより外貨獲得が可能な国であれば，債務負担は可能であると考えられる。実際いくつかの国において円借款による平和構築支援の例がある。たとえば，カンボ

> Column 8　ソーシャル・ファンドと平和構築
>
> 　ソーシャル・ファンドとは,「地元のグループからの要望に応じながら貧困層や弱者への裨益を目的とする小規模な事業に資金を提供する基金」のことであり,1987年にボリビアで試みられて以来,政府組織の脆弱な中南米,アフリカ地域を中心に,貧困削減と社会的保護のための革新的開発手法として世界的に広まっていった。ソーシャル・ファンドによる事業には融資を使った貧困削減・社会的保護,多くのドナーの協調の仕組み,地元のグループやNGOによる参加型開発,といった要素を含んでおり,平和構築分野でも有用であると期待されている。実際,フィリピンで行われているソーシャル・ファンドもそうした社会基金の典型的な例であり,その支援の枠組みはほかの国でも参考になる。
>
> 　フィリピン南部のミンダナオ島は,過去30年以上にわたって,フィリピン政府と反政府組織との戦闘が継続し,なかでも島の南西部は,戦闘の影響を受け経済が疲弊し貧困率が特に高い。JBICは,この地域でも円借款事業をいくつか実施してきた。1996年9月に武装ゲリラとフィリピン政府とのあいだで和平協定が締結されたのち,ミンダナオ自治政府に対して世界銀行を中核として,ソーシャル・ファンドを使った住民主導型のコミュニティ開発・地方インフラ整備事業を開始した。これには,カナダ国際開発庁のグラント支援も含まれており,このファンドで事業の計画・運営を支援するNGOやローカル・コンサルタントの費用を負担している。

ジア,ボスニア・ヘルツェゴビナ,マケドニア,さらにスリランカの北東部やフィリピンのミンダナオ地域への支援の例もある。無償や技術協力と違って物資調達先を日本企業に限定しない,ひもなし資金協力の形態をとる円借款による支援は,平和構築のための**ソーシャル・ファンド**(social fund,社会基金)や信託基金への拠出など,柔軟な運用が可能である。

第2章の要点　*Key Point*

① 平和構築は戦闘状況の終結から平和の定着への動的な「移行プロセス」として理解され，平和構築支援はそのプロセスを円滑に進めるための政策介入として理解される。

② 平和構築支援を行っている組織には，戦闘状況終結直後の緊急・人道支援を担う，UNHCRなどの機関と，中長期的な開発を担うUNDPなどの機関があって，定められたマンデートがある。マンデート間の調整を図ることにより，継ぎ目のない援助を実施することが大切である。

③ 二国間機関による開発援助はそれぞれの国益を反映した外交戦略として実施される。冷戦終結後，ドナー各国のODA金額が逓減(ていげん)するなかにあって，平和構築のための開発援助はむしろ増大の傾向にあった。

④ 戦後賠償としてスタートした日本のODAは，湾岸戦争，9.11事件を契機に，国連PKO活動を側面支援する役割を担うこととなった。2003年の新ODA大綱は日本の国益として平和構築支援を実施することの重要性を明記した。

第**3**章
勝者による平和構築
――アフガニスタンとイラク――

アフガニスタン・クルダックでの武器回収作業（2003年，写真提供：伊勢崎賢治氏）

1 アフガニスタンをめぐる地政学的条件　81
2 平和移行への課題　94
3 長期的発展への展望　105
4 イラク復興支援への示唆　117

第3章　勝者による平和構築——アフガニスタンとイラク——

本章で学ぶこと

　我々アフガニスタン国民は，全能のアッラーを堅く信じ，アッラーがお許しになる仁慈にすがり，そして，イスラームの神聖なる教えを信じて，過去の不正義と足りない点，そして，我が国で生じた大きな苦しみを認識し，犠牲的行為や歴史的闘争，正統な聖戦やアフガニスタン全国民による当然の抵抗を認識し，そして，アフガニスタンの自由のために犠牲となった崇高なる殉教者に敬意を表しながら，アフガニスタンが単一の統一された国家で，この国に住むすべての民族に帰属するとの事実を踏まえ，国際連合憲章を遵守し，そして，世界人権宣言を尊重し，国家の統一，独立の安全保障，国家の主権，領土の保全を確かなものとするため，国民の意志と民主主義に基づく政府を樹立するため，法治主義や社会正義，人権と個人の尊厳の保護に基づき，そして，国民の基本的権利と自由が確保されている抑圧や残虐行為，差別および暴力の無い市民社会を創造するため，国家の政治，社会，経済および国防機構を強化するため，同国内に居住するすべての国民の豊かな生活と健全な環境を確保するため，最後に，国際社会においてアフガニスタンが甘受すべき地位を回復するために，この憲法は，1382年ジャッディー月14日にカーブル市において，我々が選出した大ジルガの代議員が，この画期的な時点における歴史的，文化的，社会的要件にしたがって採択した。

　　　　　　　（西暦2004年1月に採択されたアフガニスタン憲法前文より）

　本章では冷戦時代から大国の戦略援助競争に翻弄され続けたアフガニスタンの事例を通じて，経済開発援助の戦略性および平和構築に対する影響を検討する。第1節において，アフガニスタンの地政学的条件を整理し，大国の介入の背景と意図を概観する。第2節では，9.11事件の発生（2001年）からロンドン支援国会合（2006年）までを振り返り，紛争終結から平和構築への移行過程にまつわる諸問題を論ずる。第3節では，今後のアフガニスタンの自立発展を検討する上で，ODAに依存しない体質を構築していくための課題を考える。第4節ではイラク復興支援を題材として「アフガニスタン型」の平和構築の功罪を考える。

1
アフガニスタンをめぐる地政学的条件

アフガニスタン近代史:ソ連軍侵攻まで

　アフガニスタンは東西文明の十字路にあたり、古くから貿易中継点としての役割を果たしてきた。アフガニスタンの国土は、インドのムガール帝国やイランのサファヴィー朝といったさまざまな帝国や国家権力によって支配されていたが、18世紀にいたってパシュトゥーン人が部族連合を結成し、アフマド・シャー・ドゥッラーニーを擁立して、カンダハールにおいてはじめて「アフガニスタン国」が建国されることとなった。しかしながら、ドゥッラーニーはインドやイランに遠征して戦利品を獲得することによって自らの支配権を維持しており、部族から税金を徴収することにより国家支配を行っていたわけではなかった。司法権もごく限られた都市にのみ適用されており、パシュトゥーン族は自らは国家の支配下にあるという意識はもっていなかった。一方、タジク人、ハザラ人、ウズベク人といった非パシュトゥーン族とパシュトゥーン族との支配・被支配の確執は、決して終焉をみることがなかった。アフガニスタンの近代史はこうした中央政府と地方勢力のあいだでさまざまに変化する力関係に外国の勢力が働きかけたことにより、混迷しつづけ、現代にいたるまで、統一的な近代国家は出現と崩壊を繰り返してきた、といえる。

　19世紀以降、ロシアとイギリスはアフガニスタンの利権をめぐって、いわゆる「グレート・ゲーム」を展開し、現在のアフガニスタン国家の骨格が形成されはじめる。2度にわたるアフガン戦争（1838〜42年、1878〜80年）の結果、アフガニスタンは英領インドの保護国となり、さらに1893年、英領インドとの国境を取り決めた「デュアランド・ライン」協定は、パキスタン独立後のアフガニスタン国境として現在まで継続している。

　英領インドが設定した「デュアランド・ライン」を国境とするかで、両国間の緊張が激化し、1961年には国境封鎖にいたった。こうして、南西アジア地域における冷戦状況がしだいに作り上げられていった。1963年にパキスタン政策の責任を取るかたちでダウド首相が辞任すると、国境封鎖を解除し、シャ

一国王を中心とする立憲君主制を確立した。内政も西欧民主主義を導入しつつイスラム教との共存を図り、1964年には新憲法を制定した。同憲法下において、二院制・女性参加を認めた直接選挙による国民議会を制定した。そして1965年と1969年に上下両院の選挙が実施され、イスラム原理主義から極左政党まで、非公認の政党を含む候補者が擁立され、国内政治は小党乱立の状況が続いた。その結果、立憲君主制が崩壊する1973年までの10年間で5名の首相が交代した。この間、憲法で規定された行政・司法・立法制度はしだいに有名無実化していった。

アフガニスタン政府は、開発予算を外国の援助とソ連への天然ガスの売却益に頼っており、これらは1958年から1970年代まで国家財政の約40%を占めていた。一方、政府は農業と牧畜からの税収を維持しようとするインセンティブを失ったため、これらは下降をたどり、1953年には政府の総収入の18%、1970年代には2%にまで落ち込むこととなった。政府が農村から税を徴収しないことは、同時に中央政権下における政府の農村への徴税権を放棄していることを示唆している。すなわち、村落や諸部族の人々は、政府からなんら便益を受けずとも自立経済を営むことが可能であったわけである。一方、地方レベルにおける部族長に対しては、補助金を与えて従属させたり、強力な国軍を背景に逮捕して監禁したりして、分断化を図った。このようにして、中央政府が海外からの援助、資源の輸出および間接税・関税を掌握し、それらを分配することによって地方を支配する一方で、農村社会は政府の関心の外に置かれて取り残される、という国家構造が維持された。

ソ連占領時代

アフガニスタン国内の支持基盤をほとんど持たない共和制は、繰り返される反乱、そして国軍内部の分裂・分解により、ついに1979年にソ連軍の侵攻を許し、崩壊した。ソ連の支配下で開始されたカルマル政権（1979～1986年）は、社会主義改革を進めず、**ムジャヒディン**（聖戦士）による反乱を抑圧すること、そして、そのための基盤を築くことに政策の主眼がおかれた。農村部においては、ムジャヒディンへの穀物や畜産物の供給を止める目的で、戦略的な要地や道路の隣接地の畑や灌漑施設が徹底的に爆撃された。

ソ連軍占領下のアフガニスタン政府は，結局最後まで農村部を掌握することはできなかった。また，ソ連から供給される資金と，アメリカやパキスタンからムジャヒディンを経由して供給させる資金により，地方における部族間の抗争も激しさを増すこととなった。ペレストロイカ路線を歩み始めたソ連が1986年に撤退を開始するのと相前後して，アフガニスタンではナジブラ政権が生まれたが，ナジブラは地方を中央政府の直接の支配化に置くことを諦め，都市間の通行の自由を確保することを条件に，政府に抵抗しない軍閥や部族長に対しては武装を含むあらゆる自治権を認めた。

ナジブラ政権は和解プロセスの一環として，県・郡・村のレベルにおいて革命委員会の支部となる委員会を設立し，医療・食糧・農業に関する無償の配布を行うとともに，地方の司法・行政機構を住民によって設立させ，さらに地方の武装勢力を当該地域の治安維持の任務につかせる，というプログラムを開始させた。同時に，アミン政権の行った土地所有の規制を大幅に緩和し，土地を奪われた者に対して補償や権利の復旧を行い，土地や労働の利用についての自由を認めた。しかしながら，結局農村部においてはナジブラ政権はその正当性をほとんど認められず，同プログラムはほとんど実施にいたらなかった。政府はアフガニスタン北部において商品作物の生産を奨励して，種や肥料を無償で配布し，綿花やビートの買い取り価格を引き上げたが，農民は食料生産に励み，配布された種は家畜のえさにしてしまった。また別の地域では，政府は小麦の買い取り価格をあえて高く設定してムジャヒディンへの食糧供給を断とうとしたものの，政府の買い取り量は増加しなかった。

ソ連軍の侵攻以来，社会主義政権に対して，アフガニスタン地方部はムジャヒディンの7つのグループに分かれて抵抗を続け，リーダーシップのある地域においては地方行政組織を形成したものもあった。タジク人を中心とするJIA（アフガニスタンイスラム協会）のマスード将軍は，アフガニスタン北東部のパンジシール渓谷を中心とした地域において，経済的また人的に軍隊を維持するためには地域の行政組織が必要であると考え，北部統治委員会という行政機能を設立し，シューラ（地方議会）と協議を行いつつ，地域住民に教育・保健・文化・経済活動を含むさまざまなサービスを提供するとともに，合理的なレベルの税金を徴収した。1980年代後半には，マスード将軍は北東部の部族長と

の協力関係を構築し，パンジシール渓谷を中心とした指揮命令系統を確立して，行政組織を北東部地域全体に広げた。また西部において，イスマイル・カーン将軍はソ連占領軍に対するゲリラ戦を続ける一方で，支配地域に対する効率的な行政を実施して住民の尊敬を集めた。ソ連軍撤退後，カーンは3州で住民の武装解除を行い，医療施設と学校を再開させた。一方，東部は，カブールおよびパキスタンからの近接性により激しい戦闘地となり，軍閥が割拠したため，こうした組織は一部地域を除いてほとんど生まれず，南部は部族主義が強いため，同様に地方行政組織はほとんど生まれなかった。また，北西部のウズベク人の地域は，カブールの社会主義政権に対して協力する見返りに，さまざまな開発プロジェクトが実施され，一定の自治権を有していた。バーミヤンを中心とする中央部のハザラ族の地域は，ソ連軍からの攻撃は受けずに，イランからの支援により地方の行政組織が機能していたと見られている。

　ソ連軍の撤退以降，ムジャヒディンは1989年2月にパキスタン国内にアフガニスタン暫定政権を樹立し，議長として選出されたムジャディディーらはナジブラ政権との武力対決を訴え，同国は事実上の内戦状況に発展した。ナジブラ政権は非主流派を入閣させるなど各勢力との宥和政策を実行したが，ムジャヒディンをはじめとする抵抗ゲリラ勢力との内戦状況は続いた。

タリバン勢力の台頭

　国内情勢の混迷が続くなか，新たな勢力として出現したのが，オマル師を指導者とする「タリバン勢力」（タリバンとはアラビア語で「学生」を意味する）である。ソ連軍がアフガニスタンを占領している時期，アメリカはCIAを通じてイスラム主義集団，ムジャヒディンを軍事支援する。ムジャヒディンたちは隣国パキスタンに逃れたアフガン難民が形成していた武装集団であり，これが後のタリバンになったとされる。

　1994年11月にカンダハールを占領して以降，タリバンは勢力を拡大し，ついに1996年9月，首都カブールを占拠して「イスラム国家」樹立を宣言した。タリバン勢力は急進的なイスラム政策を実施し，女性の就労・教育，テレビ，音楽，賭博，アルコールの禁止や女性のブルカ着用の義務づけをはじめ，イスラム法の徹底的な導入を図った。イスラム過激主義ととられたタリバン勢力は，

パキスタンを除き，国際社会からの承認は得られなかった。なお，1997年には北部を拠点とするドスタム将軍派（ウズベク人，イスラム国民運動党）とラバニ派（タジク人，JIA）とイスラム統一党（ハザラ人）およびパシュトゥーン系の東部シューラ，アフガニスタン解放イスラム同盟（ITT）各派は，タリバンに共同で抗するため「北部同盟」を結成している。タリバン勢力は首都カブール占領後に政権として体裁を整える必要があったため，「カブール評議会」を設置して閣僚を任命したが，経済社会開発より内戦続行が政権の最優先課題であった。タリバンは閣僚を含む政府高官をほとんどパシュトゥーン人に代えた結果，行政機関から専門的な人材は失われ，乏しい予算配分と低い労働倫理などから事実上機能を停止していた。地方行政府は州知事・市長などにより構成されているが，パシュトゥーン人の重用により，地元民族との軋轢がみられた。憲法はなく，司法は主にイスラム法に基づき執行され，カンダハールおよびカブールに最高裁，13州に高等裁判所が設置されていた。

1998年にケニア・タンザニアのアメリカ大使館爆破事件が発生し，クリントン政権下のアメリカは主犯格のオサマ・ビン・ラディンが潜伏しているとされるアフガニスタンを攻撃した。1999年には，国連の場でタリバン政権の国際テロ活動に対する経済制裁を決定する。2001年にはタリバン政権はさらに過激化し，3月には公然とバーミヤンの仏像を爆破した。こうしてアフガニスタンは国際的な孤立を高めていった。

しかしながら，アメリカのアフガニスタンに対する対応は首尾一貫していない。トルクメニスタンの天然ガスに対する戦略的関心から，アメリカこそがタリバンの創設に関与したとみられている（宮田 1999）。1998年には，アメリカ国連代表がタリバン政権下のアフガニスタンを20年ぶりに訪問したが，その後，オサマ・ビン・ラディンらアルカイダの反米テロ活動の激化にともない，アメリカの関心はテロにシフトする。タリバンが信奉するのは，「デオパンディ派」と呼ばれるインドで起こったイスラム改革運動で，アフガニスタンとパキスタンのパシュトゥーン地区で**マドラサ**（神学校）を経営している。タリバン指導部の多くもパキスタンのマドラサ出身者である。9.11まで，パキスタンはサウジアラビアとならんでタリバン政権を認知していた数少ない国である。

そのパキスタンは，1990年代半ば以降，インドとの核兵器開発競争が明る

みになり，各国が経済制裁・援助凍結を実施したため，経済的に大打撃を受けた。国内政治は混乱し，クーデターで政権の座についたムシャラフ大統領は，ムジャヒディンの流れを汲むタリバン勢力を支持する政策を打ち立て，国際社会から完全に孤立することとなった。

そして，2001年9月11日を迎えたのである。9.11事件はタリバン政権とパイプを持つ唯一の国，パキスタンに国際的関心を向けさせることとなった。アメリカはパキスタンに再び接近し，タリバンの側につくか，アメリカ側につくか，迫ったのである。結局，パキスタンはタリバンとの関係を断ち切り，アメリカのアフガン軍事攻撃を支持することを国際的に表明する。その後，アメリカがパキスタンに対して寛大な軍事・経済援助を供与することとなったのはいうまでもない。その直後に日本は，アメリカに追随するかたちで，パキスタンに対する援助凍結措置を解除した。

9月11日の同時多発テロに続き，アメリカは10月7日に「テロに対する戦争」を開始した。英米軍特殊部隊の支援を受けたドスタムを主体とする北部同盟は開戦後わずか1カ月余りでタリバン勢力を駆逐し，11月13日にカブールに入った。12月5日には戦後復興の枠組みを定めた**ボン合意**が成立し，カルザイ議長を中心とする暫定行政機構が発足（同月22日）した。

アフガニスタンをめぐる援助競争

冷戦時代，アフガニスタンは米ソ超大国による援助競争に翻弄された。1970年代前半まで，アフガニスタンに対する経済援助金額の約半数はアメリカから供与されていたが，70年代後半には激減する。1975年前後を境に，旧ソ連からの援助がアメリカからの援助を上回るようになり，ソ連軍のアフガニスタン侵攻（1979年）以降はほぼすべての援助が旧ソ連から供与されるようになる。興味深いのは，軍事関係よりも経済関係の同盟関係の「逆転」が先行していることである。「金の切れ目が縁の切れ目」といったところだろうか。

その後，ソ連自身の財政破綻（アフガニスタンへの軍事支出がその破綻の一因とされる）もあり，1980年代後半にかけて，アフガニスタンに対する経済支援を急速に減少させていった。ここでも，経済的な撤退が軍事撤退（1988〜89年）に先んじていた。

表5 アフガニスタン略年表（1964年以降）

1964年10月	立憲君主制憲法発布（1973年7月廃止），マイワンドワール内閣成立
1973年 7月	無血クーデター勃発，王政廃止（国外追放），共和制を宣言し，大統領兼首相就任
1978年 4月	アフガニスタンで社会主義革命，「アフガニスタン民主共和国」樹立（タラキ政権）
1979年12月	ソ連軍のアフガニスタン侵攻，クーデター勃発（カルマル政権）
1980年 1月	アメリカ対ソ制裁措置発表，国連緊急総会，外国軍の即時撤退要求の決議採択
1985年 5月	反政府ゲリラ派が「アフガニスタン・ムジャヒディン・イスラム同盟」を結成
1986年 5月	ナジブラ政権樹立，10月ソ連（ゴルバチョフ政権）一部撤退開始
1988年 4月	ジュネーブ合意成立，5月ソ連軍撤退開始（〜89年2月撤退完了）
1992年 4月	ナジブラ政権崩壊，旧ゲリラ勢力，首都カブールに入城
1994年 1月	首都カブールで内戦激化，タリバン勢力南部中心に勢力拡大
1996年 9月	タリバン勢力，首都を占拠し「イスラム国家」樹立を宣言
1997年 6月	反タリバン連合（北部同盟），連立政権樹立を宣言
1998年 8月	ケニア・タンザニアアメリカ大使館爆破事件（オサマ・ビン・ラディン関与として米アフガニスタンを攻撃）
1999年11月	国連，オサマ・ビン・ラディン問題などでタリバン政権に対する経済制裁を決定
2001年 1月	タリバン政権，チェチェン政府を承認，3月バーミヤン仏像を爆破
2001年 9月	マスード将軍（北部同盟）をテロで殺害
9月11日	同時多発テロ（世界貿易センタービル，ペンタゴン，ペンシルバニア）発生
10月	米軍アフガン空爆開始
11月	タリバン勢力カブール撤退，北部同盟が制圧
	ボン会議開催，国連安保理，国際治安支援部隊（ISAF）の発足を承認
12月	暫定行政機構発足（カルザイ議長）
	アフガニスタン復興NGO東京会議開催（ジャパン・プラットフォーム主催）
2002年 1月	東京会議開催（プレッジ総額45億ドル）
2月	ラフマーン航空観光相殺害，国際治安維持部隊（ISAF）攻撃を受ける
6月	緊急ローヤ・ジルガ開催，カルザイ氏，移行政府大統領に選出
9月	カルザイ大統領暗殺未遂，カブール市内大規模テロ発生
12月	新国軍に関する大統領令布告
2003年 2月	アフガニスタン「平和の定着」東京会合（DDR支援国会合）
8月	ISAFの指揮権がNATOに移管
10月	DDRプロセス開始
2004年 1月	憲法制定ローヤ・ジルガ開催，新憲法（パシュトゥー語・ダリ語）制定
3月	ベルリン支援国会合開催（プレッジ総額82億ドル）
10月	大統領選挙，カルザイ大統領当選（12月就任式典）
2005年 9月	議会選挙実施（11月当選人確定）
2006年 2月	ロンドン支援国会合開催（プレッジ増額105億ドル）

出典：筆者作成

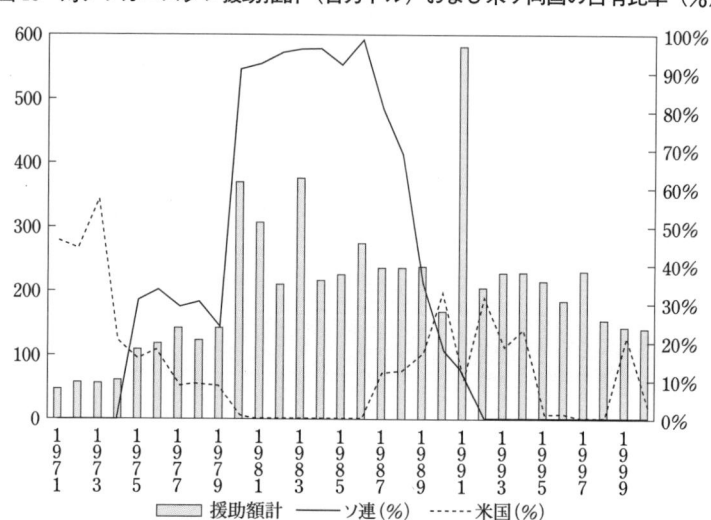

図10 対アフガニスタン援助推計（百万ドル）および米ソ両国の占有比率（%）

出典：OECD（DAC）データにより筆者作成

　ソ連軍の撤退後は、1990年初頭に東西冷戦の終結を象徴する「第1次アフガン復興ブーム」が起こる。このブームは結局長続きせず、1990年代の半ばには、援助量は大きく減少する。アフガニスタンの国家基盤は空洞化し、内戦状況に回帰してしまう。そして、1990年代後半にタリバン勢力がアフガニスタンを実効支配するようになる。
　アフガニスタンのような脆弱国家は援助に過度に依存せざるをえないため、これがさらに依存度を強化していくという悪循環に陥りやすい。仮に、外貨支払い額（すなわち輸入額）に占める対外援助資金総額を援助依存度と定義した場合、すでに1971年から1990年までは20～40％で推移していたが、「援助ラッシュ」の1991年を境に、援助依存度を急速に高めていき、1992年を除いて外貨支払額の100％以上を超える事態となっている。援助資金そのものが伸び悩んだタリバン政権成立以降については、データによって示すことが困難ではあるが、タリバン政権を認知してきたサウジアラビア、アラブ首長国連邦、パキスタンからの公式・非公式ルートを通じた資金援助が政権基盤の柱となって

きた事実はある。しかし，タリバン政権がオサマ・ビン・ラディンを潜伏させていることが明らかになって以降は，サウジアラビアからも見放され，資金的に窮地に陥っていた。

援助依存の問題は，援助漬けが将来の自立的経済発展を阻害してしまうという意味で問題であり，特に援助事業のオーナーシップと政策改善をともなう援助という文脈において開発行政の分野で注目されてきた問題である。いかに，アフガニスタンが恒久的に「緊急」援助に依存している現在の体制からの脱却し，行政の財政的持続性を高めていくかが問題となる。同時に，インフラ整備との関連では，軍閥以外の地方の主体が利用税を徴収し，**コスト・リカバリー**（cost recovery，事業採算性）に責任を持たせる制度を確立させることにより，軍閥の財政基盤を弱体化させるという効果も持っている。

アフガニスタンと中央アジア経済圏

冷戦時代，米ソ超大国が競ってこの不毛の地に援助を供与したのは地政学的な利益を見出したからである。この地は，南アジア・中東・中央アジアの十字路の中心に位置する戦略的な拠点と考えられていた。

1991年のソ連の崩壊により，中央アジアは5つの「スタン」（アラビア語で国）——ウズベキスタン，カザフスタン，キルギスタン（1993年にキルギス共和国に改名），タジキスタン，トルクメニスタン——が成立した。いずれも内陸国で，西・中央アジアはユーラシアの十字路に位置し，旧ソ連時代を通じて，文化・経済・政治面で中心地としての役割を果たしてきたウズベキスタンの首都タシケント（旧ソ連第3の都市）周辺からみて，地政学的に「北：ロシアからのベクトル」「南：イスラムのベクトル」「東：（潜在的な）中国のベクトル」「中央：地域大国ウズベクのベクトル」（秋野 2000）が錯綜していた。ただし，近年のカザフスタン経済の発展により，ウズベキスタンの経済面での地域の核としての役割は弱まりつつある。が，アフガニスタンからみた場合は，中央アジア諸国で地理的にもっとも近い「中心地」であることに相違ない。従来，旧ソ連諸国（CIS）のロシアに対する経済的依存関係と，アフガニスタン紛争の長期化やイラン政権に対する警戒心などから，「北ベクトル」の力学が顕著であったが，9.11とそれに引き続く，アメリカの対アルカイダ封じ込め

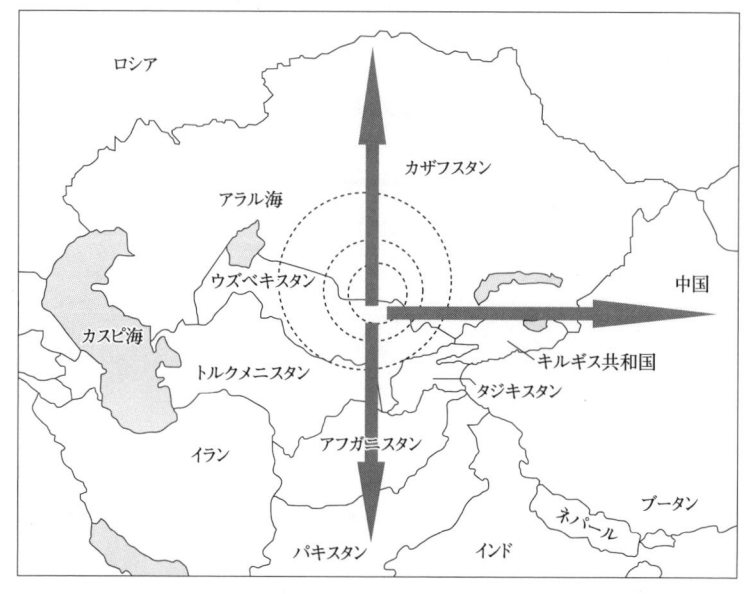

図11　西・中央アジアのベクトル相関図

出典：筆者作成

前線基地としての重要性が増すなかで，「南ベクトル」の今後の進展が注目されている。

　アフガニスタン内戦が，国内経済と周辺国経済に与えた負の波及効果は計り知れないものがあった。内戦は物理的・人的・社会的資本を破壊し，民間投資を低迷させ，政府の非軍事支出を抑制して経済成長を低迷させ，結果，所得水準を低迷させる。他方，周辺国に対しても，内戦が国内治安の悪化に飛び火しないよう（特にイスラム過激派など国際テロ組織が関係する場合はなおさら）警戒心を強め，国境警備など軍事費の支出を促進し，将来に対するリスク回避から，国内外の民間投資を抑制してしまう。その結果，周辺国の経済成長も鈍化させてしまうという負の波及効果がある（Murdoch & Sandler 2001）。それに加え，アフガニスタンのケースは，数百万のアフガン難民が周辺国経済にとって負担となっていたことも負の波及効果を助長していた。こうしたなかで，タリバン政権と国交断絶していたイランや中央アジア諸国にとっては，アフガン内戦の

終結は投資機会の到来であり，このうえないチャンスであると考えられている。

地域経済の発展は輸送コストときわめて密接な相関関係がある。一般的に輸送コストが高い地域には産業基盤が定着しにくく，反対に輸送コストの低い地域には産業基盤ができ，相互関連する産業が**クラスター**（cluster，グループ化）を形成する。また，技術集約的な非製造部門では，情報ネットワークなどの通信インフラの設備が産業基盤の発達にとって鍵を握ることが知られている。アフガニスタンおよび中央アジアは内陸国であるため，外国貿易は陸路・鉄道に限定される。特に，ウズベキスタンはほかの内陸国（アフガニスタンなど）を経由しなければ海に出られないという意味で，二重の内陸国として大きなハンディを負っている。現にアフガニスタンの対外貿易に関する輸送コストは通常よりも4～6割高いといわれている。歴史的にも，これら諸国はシルクロードの通路にあたり，中継貿易で栄えてきた。現代の文脈では，港を持つ隣接国との経済関係が円滑にいくことが，貿易拡大ひいては経済開発の大前提となる。

内戦時代は，中央アジアでは，貿易のルートがほぼロシア方面に限定されていたため，ペルシャ湾岸以南との貿易関係は希薄であった。逆にアフガニスタン，パキスタン，イランにとっては，中央アジア・ロシア市場との結びつきが構造的に希薄であった。アフガニスタンに限定すれば，タリバン時代はイランとも絶縁状態にあったため，パキスタンとの中継貿易・密輸などに依存するしかなかった。この意味からも，内戦が終結したことは，アフガニスタンを中心とする中央・南西アジア諸国が新たな経済圏として発展しうる可能性を示唆している。他方，中央アジア諸国にとっても，ロシアからの独立以降，経済的な自立を目指しながら市場経済への移行を行ってきた経緯がある。

米中ロ大国にとっての戦略的位置づけ

この地域の安定はロシアにとっても重要である。ロシアは国内にチェチェン独立問題を抱え，イスラム勢力の取り扱いには頭を悩ませている。タジキスタン内戦にロシアが関与するにつれ，イランとの協力が不可欠となっていった。つまり，「イスラム懐柔政策」（宮田 1999）としてイランを位置づけた。ロシアにとってイランは武器輸出先であり，イランにとってロシアはアメリカの封じ込め政策に対する対抗馬として重要であった。プーチン大統領はチェチェ

> *Column 9* **中央アジア諸国におけるイスラム過激派**
>
> 　中央アジアにおけるイスラム原理主義運動は，ある意味社会のなかで「抑圧された批判勢力」が噴出してきた存在として位置づけられる。独立以降の統計では，中央アジアにはムスリムが5,000万人以上いるとされ，中東に次ぎ多くのムスリムを抱える地域となった。ソ連からの独立後，マドラサ（神学校）はウズベキスタン国内だけでも50（1991年）から5,000（1997年）にまで増えているとされる（遠藤ほか 2001）。たとえば，1999年に日本人鉱山技師誘拐事件に関与したとされる「ウズベキスタン・イスラム運動」（IMU），はウズベキスタンのカリモフ政権批判の急先鋒としてテロ活動を行っているとされる。9.11事件が発生するや否や，カリモフ大統領がいち早くアメリカの「国際テロリズム戦争」キャンペーンに加わったのも，こうした国内事情によるものである。
>
> 　ウズベキスタンで特にイスラムの復興が顕著なのは，タジキスタンやキルギスと国境を接するフェルガナ盆地である。この地域一帯は，中央政府からの干渉を受けずに独自にイスラム文化を発展させる国土にあった。同時に，IMUをはじめとするイスラム過激組織の温床ともなっているといわれる。
>
> 　タリバン時代のアフガニスタンや，IMUとつながりのあるとされるアルカイダに対して，ウズベキスタンをはじめとするアフガニスタンと隣接する諸国は，イスラム運動にきわめて敏感になっていき，反対派の投獄や国境封鎖が日常化していた。特にウズベキスタンでは，1999年に政府の建物が爆発されるテロが発生しており，以降厳重な警戒態勢をしいている。
>
> 　またタジキスタンでは，イスラム主義の台頭を求める「イスラム復興党」が大きな政治力を持つようになり，内紛状態となった。その後，イスラム原理主義を封じ込めるため，同国に影響力のあるロシア（当時エリツィン大統領）により，旧共産主義勢力を代表するラフモノフ政権を発足させた。

の紛争原因を国際テロリストと断定し，中央アジア諸国と同様，アメリカの反テロキャンペーンに与している。同様に，中央アジア指導部もIMUを中心とするイスラム過激派の活動により，政権の基盤・レジティマシーが弱体であり，それらを制圧するためにもロシアの軍事力に頼らざるをえない面がある。こうして，域内の治安安定という面において，ロシア・中央アジア・イランが協力を強化している図式が浮かび上がってくる。

1 アフガニスタンをめぐる地政学的条件

アメリカにとって中央アジアは従来疎遠な存在であったが，近年になって，ロシア・中国やイランの中央アジア地域に対する戦略問題，特に石油・天然ガスパイプラインに関する独占的な権利が既成事実化することを恐れ，中央アジアのパイプライン敷設に協力を行っていた。特に，中央アジアのなかでも石油資源に恵まれ，もっとも資本主義化が進んでいるカザフスタンに対して積極的に直接投資を実施するなどして権益を拡大させてきている。9.11以降は，NATO軍の中央アジア協力関係の強化を通じて，軍事面での協力関係を築いている。

新疆ウィグル自治区の独立・民族運動は中国政府にとって重大な関心事である。中国政府は，ウィグル自治区と中央アジア諸国との交通網（カラコルム・ハイウェー，パミール・ハイウェー）の発達により，交易が活発になる一方，麻薬の流入や周辺国のイスラム過激組織との連携を警戒している。ウルムチでもテロ事件が発生（1997年）し，強硬措置をもって対抗している。ウィグル自治区は国内でも有数の油田地域であるが，民族運動の激化は外国投資の停滞を招く結果となっている。

他方，タリバン政権下で，イランに近いハザラ人のシーア派が迫害されていたこともあって，イランはタリバンに対して反対の立場をとっていた。イランにとって，アフガニスタンは当初アメリカの傀儡であるととらえられていた。ウズベキスタンをはじめとする中央アジア諸国やロシア，中国がイスラム過激派に脅威を感ずるようになり，その観点から反タリバン色を強めていくようになった。こうして，タリバン政権の樹立は周辺国の政治・経済両面での協力関係に影を落としていた。

アフガン和平をきっかけとして，安全保障の地域協力関係が中央アジア諸国，米ロ，中国，パキスタン，インド，イランに広がっていくことが理想ではあるが，各国とも対立する戦略的利害を抱えており，一朝一夕には進んでいない。この地域の安全保障の枠組みは，二国間の利害を調整する国際機関などを通じた枠組みにより解決の糸口を図ることが期待される。なお，地域機構の動向については，第3節で述べる。

2 平和移行への課題

国際的な支援の枠組み

アフガニスタンに対する国際社会の支援は，2001年12月にドイツのボンで合意された文書に沿ったものとなっている。ボン合意では，カルザイを首班とする暫定行政機構の発足から，憲法制定，総選挙までのロードマップが示された。

- 暫定行政機構，緊急**ローヤ・ジルガ**（Loya Jirgah, 国民大会議）招集のための特別独立委員会，最高裁判所からなる暫定政権を設立する。
- 暫定政権はアフガニスタンの主権を有し，対外的にアフガニスタンを代表する。
- 暫定政権設立後6カ月以内に緊急ローヤ・ジルガを召集し，移行政権を決定する。
- 移行政権設立後18カ月以内に憲法制定ローヤ・ジルガを招集し，緊急ローヤ・ジルガ開催から2年以内の選挙を経て，国民を完全に代表する政権を樹立する。

以下，東京会合（2002年1月），暫定大統領の選出・組閣（2002年6月），憲法制定・発布（2004年1月），ベルリン会合（2004年3月）大統領選挙（2004年10月），議会選挙（2005年10月），ロンドン会合（2006年2月）と，1年ほどの遅れはあったものの，ほぼ合意どおりに進んだ。

東京会合（2002年1月）：アフガニスタンに対する国際的支援は，2002年1月の東京会合に始まる。アフガニスタン戦争終結直後，60以上のドナーが参加し，45億ドル（約2年半分）の**プレッジ**（pledge, 供与約束）が実現した（当時，日本のプレッジ額は500百万ドル，二国間援助機関で最大規模）。なお，アフガニスタン移行政府が国家運営に必要な税収を確保できるまでの期間，政府省

庁のリカレント・コスト（人件費などの経常経費）を賄うため，アフガニスタン復興信託基金（ARTF）が設置された。ARTF は当初 2 年間のリカレント・コストを対象とした暫定的なメカニズムとして発足したが，2006 年現在もアフガニスタンの脆弱な財政基盤のなかにあって，ドナー資金をプールしつつ，リカレント・コストと一部のプロジェクト・コストをもカバーする恒常的な制度となっている。

その後のアフガニスタン支援の枠組みについては，2002 年 4 月に策定された「国家開発の枠組み」（National Development Framework：NDF）に基づき，実施に移された。当初，NDF ではアフガニスタンの開発戦略の 3 つの柱として，①人道資源と社会保護，②インフラ，③制度が挙げられていた。また，同時に，分野横断的な課題として，④ジェンダー，⑤環境，⑥人道，⑦人権，⑧麻薬対策が挙げられていた。その後，NDF は現在の「アフガニスタン国家開発戦略」（Afghanistan National Development Strategy：ANDS）に発展的に引き継がれることとなる。

ベルリン会合（2004 年 3 月）：ベルリン会合（2004 年 3 月 31 日〜4 月 1 日）において，82 億ドル（3 年分）の支援が表明された。最大の拠出国はアメリカで 2,900 百万ドル，世界銀行は 900 百万ドル，EU は 774 百万ドル，日本は 400 百万ドル（2 年分）を表明した。

ロンドン会合（2006 年 2 月）：2006 年 1 月 31 日〜2 月 1 日にロンドンにおいてアフガニスタン支援復興会合が開催された。アフガニスタン政府より，むこう 5 年間の暫定的な「国家開発戦略」（I-ANDS）が提示されたほか，国際社会とアフガニスタン政府とのあいだでの援助枠組みについて合意した「アフガニスタン・コンパクト」が承認された。なお，I-ANDS は暫定的な貧困削減戦略ペーパー（PRSP）に相当するものである。また，各国より表明のあったプレッジ額の合計は，ベルリン会合を上回る 105 億ドルとなった。日本は 450 百万ドルの支援を実施することを表明した。

ロンドン会合は成功裏に終了したとはいえ，治安，政治，経済のいずれの側面をとっても難題は山積しており，アフガニスタンの復興はこれからが正念場である。I-ANDS が対象とする 5 年間（2006〜2010 年）は，長期的開発の土台造りの時期と位置づけられている。

表6　主要ドナープレッジ額の変遷（単位：百万ドル）

		2002.1	2004.3	2006.2	2005.10 現在	
		東京会合	ベルリン会合	ロンドン会合	コミット額	ディスバース額
先進国	日　本	500	400	450	999	957
	アメリカ	296	2,900	4,000	5,683	3,123
	イギリス	n.a.	569	885	730	368
	フランス	n.a.	37	55	122	82
	ドイツ	n.a.	288	480	775	665
周辺国	サウジ	220	160	153	n.a.	n.a.
	インド	100	224	181	538	381
国際機関	Ｅ　Ｕ	500	774	268	684	489
	世　銀	500	900	1,200	893	379
	ＡＤＢ	500	560	1,000	635	225
総　額		4,500	8,240	10,501	—	—

注：総額には上記主要ドナー以外の数字も含まれている。
出典：アフガニスタン財務省データベース。

表7　セクター別支援額の推移（単位：百万ドル）

	2000	2001	2002	2003	2004
1．社会インフラ	17.7	35.1	338.1	667	1028.8
教育	3.6	4.4	26.8	30.3	143.9
保健＆人口計画	2.4	9.8	16.5	63.8	95.1
水供給＆衛生	1.6	—	11.0	2.3	16.1
2．経済インフラ	0.2	0.2	42.5	93.6	572.9
運輸＆通信	0.2	0.1	27.8	76.7	551.7
エネルギー	0.0	0.1	8.3	2.1	2.4
3．生産セクター	1.6	2.3	23.3	6.3	101.4
農業	1.6	2.3	23.2	6.0	79.5
工業・鉱業・建設	—	—	0.1	0.2	15.8
貿易＆観光	—	—	0.0	—	6.1
4．マルチ・セクター	1.2	8.0	55.0	352.5	93.0
5．プログラム援助	3.6	11.1	101.3	28.7	120.4
食糧支援	3.6	11.1	27.8	28.7	61.0
6．債務関係の活動	—	—	44.1	—	—
7．緊急援助	78.6	288.0	654.4	422.6	318.6
8．その他＆分類不能	1.1	5.5	33.3	31.1	15.3
総　額	104.0	350.2	1291.9	1601.8	2250.4

出典：OECD

アメリカはベルリン会合以来，ほかのドナーを引き離し突出した額を供与してきている（表6）。アメリカに次ぐコミット実績を示しているのは日本であるが，ディスバース（disbursement，執行率）はほぼ100％とほかのドナーに比べてきわめて高い。つまり約束された金額がほぼ確実にプロジェクトの形で実現している。

　ボン会議が開催された2001年を境に，対アフガニスタン支援額は毎年着実に拡大しており，ボン会議の前年2000年の実績と2004年の実績を比べると，合計プレッジベースで約22倍という増加を示している。セクター別にみると，2000年は総額で104百万ドルであったが，そのなかで緊急援助が7割以上を占めていた。緊急援助は2001年には前年の4倍近くに拡大し，その年の全体額の8割以上を占めた。しかし，2002年の654.4百万ドル（全体の5割強）をピークに，2003年（3割弱），2004年（1割強）と急速な縮小傾向を示している。それと反比例するかたちで，運輸を中心とする経済インフラや，教育・保健を中心とする社会インフラ，あるいは農業分野といった生産セクターでの支援が着実に進んできている。

ステート・ビルディングの課題
　アフガニスタンは，歴史的に大国の覇権競争のなかである種の「緩衝国家」として存在してきたこともあり，「アフガニスタン人」という帰属意識が強く認識されたことはなかった。かれらにとっての帰属意識は，国家よりさきに地域共同体にあり，言語文化を共有するトランスナショナル（超国家的）な民族やイスラム文化圏にある。アフガニスタンでは，旧ソ連占領時代に文化・宗教面の世俗化が推し進められた反動として，国家組織に対する懐疑心がより強くなったという側面もある。そして，それが，イスラム原理主義を含む懐古傾向に拍車をかけ，タリバンなどの急進勢力の進出を許す土壌となったのではないかと考えられる。現在のアフガニスタン国民のアイデンティティは，さまざまなレベルの帰属意識が重層的に錯綜している。したがって，アフガニスタンの戦後復興問題は，こうした重層的なアイデンティティを踏まえて，国家としての一体感をつくりだす問題である。換言すれば，アフガニスタンにとって，ナショナリズムとは平和的「統一」のための概念である。その点，同じポスト・

コンフリクト国でも，ナショナリズムが平和的「分離」を意味した東ティモールのケースとは対照的である。

　民族間には一種の緊張関係が存在している。しかし，タジク人・ウズベク人・ハザラ人・パシュトゥーン人のあいだに民族間の緊張関係は存在するが，それが民族・宗派を共有する周辺国の対立とはなっていない。周辺国はむしろ経済的な協力関係を強化することを望んでおり，この外からの協力関係をうまく利用すれば，アフガニスタン国内の民族間の融和にも貢献しうるのではないだろうか。

　アフガニスタン国内には，民族問題と密接に関係してくる問題として，いわゆる**軍閥**（warlord）の存在がある。同国の軍閥とは，狭義の武装集団の意味合いを超えて，政治・経済機能を含む「擬似国家」的存在である。主な財源は関税や通行税（そしてケシ栽培）であり，戦火で焼失した農村の住民に，兵士として軍閥に所属させることによって希少な雇用の機会を提供してきた。戦争終結後，軍閥の多くが，カルザイ政権に対しては，協調と対立の均衡を図りながら，一定の距離を持ってきた。タリバンの崩壊およびボン合意以降，地方軍閥はそれほど目立った争いは起こしていなかったが，2002年6月以降，地方軍閥間の勢力争いは次第に活発化していった。その後DDRにより，戦闘員の「武装解除」「動員解除」が終了したことになっているため，軍閥は一応解体したことになっているが，現在も非合法武装集団は相変わらず存在し，治安を脅かしているのが実情である。

　大まかにいって現在のアフガニスタン国内の政治勢力は，①ソ連占領時代の流れを汲む旧共産主義勢力，②シーア派など宗教的保守勢力，③カルザイ氏を中心とする西欧民主主義を標榜する勢力があり，現在の政府は③を支持母体として国際ドナーからの支援を受けている状況であると考えられる。他方，①と②については，閣僚に宗教団体出身者を入閣させるなどの配慮はみせているものの，政治的立場は非主流派といってよく，放置しておくと新たな不満の種に転化する危険性を持っている。地方に展開する旧タリバン勢力のなかには現政権内で十分に発言力がないことに不満を持って，実際に軍事的な小競り合いを続けている。これが不安定状況を助長している。

アフガン・ナショナリズムと平和構築

　人々の帰属意識が中央国家に向けられないこと，しかも地方が中央政府による法の統治の領域外に置かれていることは，アフガニスタンの国家建設にとって暗い影を落としている。たとえば，行政機構や意思決定システムにしても，農村部においては，部族や宗教のリーダーを中心としてコミュニティ・レベルの紛争解決システムや行政システムが存在し，これまで農村にほとんど便益をもたらしてこなかった国家権力に対する不信感は大きい。しかし，農村組織といっても決して一枚岩ではない。自らの権益のみを追求する軍閥の長や中央から派遣される官僚の場合には，農村コミュニティはかれらの正当性は認めず，忠誠心を持っているわけではない。

　アフガニスタンには**シューラ**（shura）と呼ばれる組織がある。シューラは，「伝統的指導者会議」とも「イスラム教合議」体制とも理解され，地域の長老たちによる合議の場である。シューラの開催は，地域行政府の建物内などで行われることもあるが，シューラそのものは，公的機関ではない。参加者は，通常，各村を代表する村長老，軍指導者，地域行政長官である。シューラは，制度自体アフガニスタンの公的機構ではなく，あくまでも地域において自発的に開催されているものである。同時に，軍閥のような武装組織でもないので，その決定に関する強制力は，法に基づく強制力とは性質を異にする。それでもなお，地域によっては，シューラの決定は，重要な決定であり，村人や地域にとっても重要とみなされる。

　しかし，中央政府，旧軍閥の地方勢力，シューラを中心とする農村コミュニティの三者が，行政システムとしての連携・調整関係を持っていないことが，ステート・ビルディングにとっての障害になっている。アフガニスタンの人口の85％は農業・遊牧に依存しており，帰還民の多くも故郷で農業に復帰したいと考えている。アフガニスタンで今後民主化を進め，名実ともに国家を形成していくためには，ドナー各国がNGOと協力して，農村コミュニティに対して社会インフラ・社会サービスを提供することによって，農村コミュニティを活性化するとともに，国家との一体感を強化することが必要であろう。

　事業を実施する際，援助機関はNGOを重用する。それは，NGOが有能で経験豊富なスタッフを有し，脆弱で汚職のはびこる国家組織に頼るよりも，効

率的な仕事を行うことができるからである。しかし，それも国家建設との関係では微妙な問題を持っている。そもそもNGOは住民参加を重視し，地域に基づいたプロジェクトを実施すべく活動している，「下からの」開発という視点を重視しており，「上からの」開発になりがちな，国際機関や二国間機関の援助を補完するものである。現に，日本や諸外国のNGOは，この点において大きな成果をあげている。このため，アフガニスタン国内におけるステータスが高く，脆弱な政府組織と比較して，国際NGOはどちらかといえば「上からの」立場から，本来政府機能（公共サービス・公共事業）の多くを肩代わりしている。

しかし，NGOの存在はアフガニスタンの国家建設という観点からすると，ある種の不安定要因を構造的に抱えている。ケシ栽培など数少ない雇用機会をめぐって，ときに武力対立が発生するアフガン社会では，「国際NGOに就職する」ことはかなりのプレステージである。それは，平均月給が数十ドルの（それでも恵まれた）公務員と比べて数倍から数百倍の給与格差からしても明確である。かれらの多くは，欧米で教育を受けた上流階級出身の「帰還民」であり，「内なる外部勢力」とみなされている。

とはいうものの，NGOは，アフガニスタン復興にとってやはり重要な存在であることも忘れてはならない。まず，緊急人道援助において，国際NGOに期待する役割は依然として存在している。また，国家組織も市場も未成熟なアフガン社会にあって，ある意味公共性と営利目的をあわせ持つアフガン国籍のローカルNGOの活躍はめざましい。ローカルNGOは国家と市場をつなげる**市民社会**（civil society）の中心的役割を果たしている。国際ドナーとしては，NGOが過去アフガニスタンで果たしてきた役割を積極的に評価し，政府・市場の制度強化に資する方向に活用していくことが望ましい。

武装解除，動員解除，社会再統合（DDR）

日本はアフガニスタンのDDRにおいて中心的な役割を担うこととなった。2003年からこの分野の日本人専門家（伊勢崎賢治氏）を現地に派遣し，大きなプレゼンスを示すことに成功した。しかし，2007年現在もなお，首都カブールを除く全国地域で退避勧告が出されたままであり，武力衝突は収まるどころ

か激化の様相を示している。日本が主導したDDR事業とは何だったのか。その功罪を整理したい。

　そもそも，憲法上の制約のある日本が本来あまり得意としないこうした分野に関与することになった経緯は，こうである。2002年1月の東京アフガニスタン復興支援会議の後，治安部門改革（SSR：Security Sector Reform）においては，主要ドナー国が，国軍（アメリカ）・警察（ドイツ）・麻薬対策（イギリス）・司法制度（イタリア）・DDR（日本）の5分野を対象として「リード国」がそれぞれの分野を責任をもって支援することとなった。2003年2月のアフガニスタン「平和の定着」東京会議では，DDRの実施期間と，現地政府側にDDRの実施体制として「アフガニスタン新生計画」を設立することが確認された。国防省がDDRを統括することから，まずは北部同盟のパンジシール派（タジク人）が要職を占めていた国防省を改革し，その派閥的・民族的構成を一新して信頼醸成を促進することを，日本をはじめとする国際社会は強く要請したのである。

　2003年9月，国防省改革とDDRに関する大統領令が布告されると，10月から2004年3月末までパイロット・フェーズが実施され，約6,300名（当局発表）が武装解除・動員解除に応じた。2004年3月の第2回アフガニスタン復興会議（於ベルリン）では，東京会議の公約が見直され，DDRの達成目標は「全国レベル・全軍閥に対する100パーセントの重火器引き渡しと中央政府による集中管理」と「全国レベル・全軍閥に対する40パーセントの武装解除，動員解除」に修正された（伊勢崎 2004）。

　その後のメインフェーズは4つの段階に分かれる。第1フェーズ（2004年5〜7月）で約8,500名，第2フェーズ（2004年7〜10月）で約6,800名がDDRの対象となった。2003年10月に公布された政治政党法では，軍事組織を付随した政治組織は選挙に参加できる政党として認可されない。いくつかの有力な軍閥が権力闘争で勢力を弱めたこともきっかけとなって，この頃DDRは急速に進展する。結果，大統領選挙までに約21,700名が武装・動員解除されて，194の部隊のうち70部隊が解体され，重火器集積計画では，使用可能な戦車・大砲の3分の2が新国軍の監視下に置かれた。2004年9月のDDR加速化のための大統領令を受け，第3フェーズ（2004年10月〜2005年3月）で約

22,300 名，第4フェーズ（2005年3～6月）で約18,700名が対象となり，2005年7月に武装解除完了式典が行われるまでに，計62,000余名がDDRに応じた。結果として，軍閥が「政党」になるために非武装化に応じたことは，2005年9月の議会選挙を実施する上で追い風となった。

　武装解除が2005年7月をもって正式に「終了」した後に武装を続ける集団は「非合法武装グループ」と呼ばれた。アフガニスタン政府は，数年以内に全国レベルですべての非合法武装グループを解体することを目標としているが，めどは立っていない。推計では，1,800の非合法武装グループに125,000名が属している。DDRプロセスは中央政府に忠誠を誓う旧国軍を対象としていたが，非合法武装グループの場合は範囲選定が難しく，しかもその多くが麻薬取引・人身売買・人権侵害に関与している。また，武器の拠出に対する雇用機会提供などの見返りがないことから，対象グループの反発も予想され，これまでとは異なる仕掛け作りが必要である。

軍閥解体の難しさ

　DD（武装解除・動員解除）が終了した後にR（社会再統合）を行うにあたって，当初予想していなかった事態が発生した。計画当初は，労働社会省を中心に，「指導員訓練センター」で指導員訓練を行うとともに，全国9地域に草の根無償資金協力でセンターを建設，育成された指導員を活用し，NGOとアフガニスタン政府を通じて訓練を行うというものであった。しかしながら，大統領選挙前の治安悪化による日本人専門家の国外退避，機材調達手続の遅れなどによる混乱もあり，プロジェクト開始までに2年余りを要した。その間に，訓練の対象となる除隊兵士が大幅に減ってしまった。また，治安が一向に回復しなかったため，当初予定していた全国9地域での訓練は中止となり，カブールを中心とする限定的な訓練にとどまった。

　訓練職種は機械加工，溶接，板金であったものの，十分に受講者が集まらず，結局，実際の訓練職種は運転，溶接，大工，縫製などの7職種となった。特に，現金収入に直結する運転技術は人気が高かった。当初職種が限られたのは，除隊兵士のニーズ調査を十分に行わず，日本人の専門家を送り出す特定省庁の都合を優先させたことがあげられる。今後の反省点としては，除隊兵士訓練にお

いては充分な調査をし,幅広い職種(選択肢)を準備,状況に応じて柔軟に対応できるようにすべきであろう。また,日本人専門家にこだわらず,現地リソースを積極的に活用し,当初のプロジェクト計画を状況に応じて柔軟に変更できる制度作りを行うことである。

さらに,DDR 事業が実態としてあまり進まなかった背景には,インセンティブの問題がある。いま,複数の非合法武装集団(旧軍閥)が軍事衝突を行っていると仮定しよう。武装解除した旧軍閥は,経済活動に従事することにより,経済的便益を得ると同時に,ほかの武装集団に治安という便益を与えることができるものの,武装解除していない集団からの攻撃というリスクを考慮しなければならない。しかし実際には,旧軍閥組織が相互不信状況にあり,さらに,旧勢力(タリバン勢力)が中央政府において政治参加を与えられていないことへの不満もあり,結局,軍閥の解体が進まず,**囚人のジレンマ**状況が生じている。このジレンマを打破するためには,多くの課題が山積しており,解決は容易ではない(大門 2004)。

その鍵を握るのが,アフガニスタンを経済的に自立させるための基幹産業の育成である。現在,アフガニスタンには非合法麻薬の栽培が GDP の半分近くを占める。国土の大半は乾燥地帯であり,石油・天然ガスなどの資源も確認できていない。手っ取り早く収入を稼ぐ方法である非合法麻薬に代替する産業をいち早く確立することが必要である。そのような代替産業の育成によって,「インフォーマル均衡」(第 1 章)からの脱却を図ることにより,健全な市場経済を確立することが大前提である。

もうひとつのインセンティブの問題は,DDR 事業を開始する当初から指摘されていた**モラル・ハザード**(moral hazard,情報の非対象による倫理的崩壊)である。武装・動員解除とは,和平を求めるすべての敵対勢力間の政治的合意であり,個々の兵士の経済的恩恵を第一義の条件になされるものであってはならない。なぜなら,そもそも,アフガニスタンのような最貧国で行われる復員事業は,職業訓練など就学の機会や日雇い労働を与えるのが限界であり,恒久的な就業を保障するものではない。この原則を無視して,経済的恩恵を条件に和平プロセスを進めた場合,それは武装勢力に対して「経済的恩恵が実現するまで武装解除しなくても良い」という誤ったシグナルを送っているに等しいも

のとなる。これは一種モラル・ハザードの問題である。つまり，平和構築という制度改革を実現させるためには，アメとムチが必要だったのだが，武装解除が終了する前に，大量のアメがドナー諸国から流入してしまったために，その機会を逃してしまう。そして現に，武装解除は完了しなかった。

麻薬問題

　国連統計によれば，アフガニスタンはミャンマー，ラオスと並ぶ屈指のケシ生産国である。世界市場に占めるシェアは，ケシが約67％，麻薬が約87％であるとされる。ケシ栽培は，アフガニスタンのような降雨量の少ない土地で，1ジェリブ（約0.2ha）当たり小麦の7～10倍の収入を得られる利点があり，ほかに雇用機会がなく，代替作物の種子やその他の技術的支援が行き届かない状況では，きわめて魅力的な収入・雇用源となっている。新政府による麻薬撲滅キャンペーンにより，ケシ栽培面積はここ数年で大幅に減少したとの報告はあるものの，根絶にはほど遠い。解決策としては，取り締りの強化と代替作物の推進という両輪が必要であるが，「法の統治」が全国に普及していない現状にあっては，取締りもできず，また，慢性的な水不足で有効な代替作物も育っていないのが現状である。

　そこで，農村の住民にとって，もっとも身近に手にすることができる現金作物は，数字の上からもケシ栽培ということになる。アフガニスタン社会の大半を占める農村がケシ栽培に依存している状況においては，法の秩序は確立せず，インフォーマルな均衡が存続しつづけ，旧軍閥などの非国家アクターが重要な役割を果たさざるをえなくなる。その意味ではまさに，ケシ問題こそがアフガニスタン社会の根幹にあるといっても過言ではない。

　アフガニスタン政府による国家麻薬統制戦略では栽培・消費・密売の削減を目的とし，①生産農家への代替作物の提供，②麻薬取締法の制定，③麻薬取締法の施行・普及，④取締機関の設立，⑤薬物中毒の予防・治療を目標としている。この戦略には，国家開発予算を取り込み，麻薬の需要削減（保健衛生・栄養改善，教育文化・メディア，都市計画，帰還民・国内避難民対策），麻薬取締法の執行（国家安全保障，司法，公共行政，経済・経営），代替作物の導入（民生支援，天然資源管理，教育・職業訓練，貿易・投資，運輸交通）などの公共投資プロ

グラムを実施する計画も含まれている。

しかし，有効な代替作物を生産できない風土にあって，ケシ栽培の撲滅と代替作物の推進というお題目のみを唱えても，一朝一夕に非合法栽培を根絶することはできない。そこで，「医療用」を主とするケシの合法化という選択肢が一部で模索されている。背景には，世界全体のなかでの医療用麻酔が不足しており，アフリカやアジアの低開発国では，医療用麻酔が高額なために，購入することができないという実情がある。そこで，アフガニスタンで栽培されるケシを医療用麻酔の原料として生産することで，医療用麻酔の低価格化が実現できると同時に，アフガニスタンにとっても収入源とすることが可能となる。撲滅からライセンス化へ麻薬対策の方針を転換するアイデアについて，麻薬対策の主導国であるイギリスは麻薬撲滅の費用対効果の低さ，アフガニスタン政府は農民の収入源の確保という観点から関心を示している。しかし，①麻薬マフィアがライセンスを独占もしくは農民から強奪する，②非識字率の高い警察官がライセンス関連の複雑な規則を理解するのは困難である，③収穫したケシの管理体制が未整備である，④ライセンス化が農民のニーズを満たすか否かが未確認であるなど，ライセンスの導入を時期尚早と見る関係者も多い。

3
長期的発展への展望

経済状況

アフガニスタンの経済状況はケシ依存体質から脱却することが必要であるが，道のりは険しい。アジア開発銀行のデータによれば，2004年現在で，国内総生産（GDP）の主要産業別割合は，38.4％（農業部門），23.5％（工業部門），34.8％（サービス部門）となっている。ただし，これはGDPの約半数を占めるとされるケシ栽培を除いた場合である。主要産業の現状は，農業部門において，小麦，とうもろこしの生産が中心であり，外貨を獲得する力とはなっていない。また，乾燥気候であり，実際に耕作可能な土地は，全土の12％にすぎない。さらに，1990年から10年間の間に砂漠化が7％も進んだという調査結果もある。砂漠化や内戦などの影響で，耕作地が35％減少し，灌漑施設の

25％が破壊され，その他の農業関係資本を含めると，耕作地全体の30％しか実際には機能していないとされる。主な農業生産物は，小麦（68％），その他穀物類（大麦，米，トウモロコシ，キビが16％），果実，ナッツ類，羊毛，羊肉，羊皮，子羊の毛皮などである。2003年度の指標によると，主な家畜は，鶏，羊，ヤギ，牛などである。

　天然資源については，天然ガスなどの埋蔵が確認されているが，現時点では発掘などの具体的なプロジェクトには結びついていない。また，近隣のカスピ海の天然ガスをアフガニスタン経由で，パキスタン方面に輸送する，「パイプライン構想」が長年検討されてきた。仮にこれら地域の協力が進み，治安が回復すれば現実味を帯びてくる。将来有望な外貨獲得源のひとつと考えられている。

　産業基盤が脆弱な経済構造であるため，財政基盤も脆弱である。2004年度における総支出4,068百万ドルに対して，国内の税収はわずか300百万ドル足らずであり，国債の発行を行っていないため，当面は公共支出のほとんどを外国からの援助資金に依存しなければならない。しかし，外国からの援助資金の多くは使途が規定されており，アフガニスタン政府にとってかならずしも優先順位の高いセクターに振り分けることができないのが現状である。特に，軍事・治安部門に関しては，各ドナーによる支援が限定されているため，財源は限られており，このことが，国軍の財政基盤を脆弱なものとし，結果として旧軍閥組織が温存されるという悪循環を招いている。アフガニスタンの中長期的な復興開発資金を外国からの援助に依存することなく，国内からの税収・国債などでまかなってくための構造改革が求められるが，そのためには産業基盤の育成が最大の課題となっている。

　こうしたなか，社会開発指標は世界各国の中でも最下位にある。とはいえ，まず，アフガニスタンの現状を知るための基礎的なデータが不足しているため，正確な状況は不明である。国際機関などが治安の回復していない地方になかなか入って行くことができないため，データの収集ができない。したがって，他国で実施されているような家計レベルでの全国的調査が行われていないため，貧困状況を測定するための信頼できる社会指標が限られている。

　ところで，アフガニスタンでは2004年に限定的ではあるが，家計調査を実

施している。これは，2015年までに達成すべき社会開発の目標を設定するために実施されたものである。この調査によれば，2004年現在，日給1ドル以下の人口が推計53％，飢餓人口が48％という深刻な貧困状況である（表8）。こうした貧困層を今後10年間で半減することを政策目標とされているが，その実現のためには相当の政策的介入が必要となってくる。その大前提として，ひとり当たりの所得を倍増以上にしていかなければならない。そのためにはODAに依存する現在の経済状況（GDP比48％）から脱却して，自立できる経済成長を確保していかなればなない。また，経済成長を支える人的資本・社会資本の整備状況も現在の悲観的状況（初等教育達成率，乳幼児死亡率，産婦死亡率，疫病発生率において世界最低レベル）を改善するための，教育，医療，衛生対策が緊急にとられる必要がある。またインフラの改善のために，水などの不足しているインフラを全国的に整備する必要がある。

国家開発計画（ANDS）

アフガニスタンでは2006～2010年までの5カ年計画を示した，国家開発計画（ANDS：Afghanistan National Development Strategy）が策定されている。2006年以降の国家予算はこのANDSの枠組みのなかで計画されていくことになり，国家の基本計画と位置づけられる。その計画骨子はつぎのとおりである。

まず，ANDSは，国家開発戦略にとっての大前提となるヴィジョンを提示している。それは，第1に，「安定したイスラム的立憲民主制」を目指し，そのなかで国家建設にとって重要な理念（女性の社会進出，法の統治，汚職撲滅，市民社会・表現の自由など）を実現していくということである。第2に，「持続的で公正な経済開発」を実現していくことである。そのために適材適所に人材を活用していくとしている。第3に，「多元主義的で，イスラム精神に基づく平和で安定した国家」を構築していくということである。そのために，治安における改革，特に国軍と警察部門における改革を行っていくとしている。

アフガニスタン経済の現状については，2001～06年のあいだに一定の改善がなされたものの，依然として「インフォーマル・非合法な生産均衡」状態にあるとの現状分析を示している。また，①麻薬経済が支配していること，②麻薬以外は農業が中心的であること，③インフォーマルセクターが中心であるた

表8 アフガニスタン MDG 達成状況

MDG 目標・ターゲット	基準年度 (2004)	目標年度 (2015)
目標1：極貧および飢餓の撲滅		
ターゲット1：日額＄1以下の所得者数の半減	53%	26%
ターゲット2：飢餓人口の半減	48%	24%
目標2：普通教育の達成	男子：51%	100%
ターゲット3：男女とも完全な就学率の達成	女子：21%	100%
目標3：男女平等および女性のエンパワーメント		
ターゲット4：初等中等教育以上の男女差の撤廃	同上	同上
目標4：乳幼児死亡率の減少	5歳以下：260‰	90
ターゲット5：5歳以下の死亡率を2/3にする	乳児：165‰	100
目標5：産婦の健康改善	100,000件あたり	同
ターゲット6：産婦死亡率を3/4にする	1600死亡	400
目標6：HIIV/AIDS，マラリア他疫病との闘い		
ターゲット7：HIIV/AIDSの半減	データなし	調査開始
ターゲット8：マラリア他疫病の半減	はしか：年718件	0
	ポリオ：年10件	0
	マラリア：年3百万件	リスク人口
	（人口16%がリスク）	8%
	結核：321件/100,000件，	48件
	うち91件死亡	
目標7：環境の持続性保障		
ターゲット9：開発政策のなかに環境政策を統合する		
ターゲット10：安全な水にアクセスのない人口の半減	87%	43%
ターゲット11：スラム人口の環境改善		
目標8：グローバル・パートナーシップ	GDP比ODA：48%	20%
	一人当たりGDP：$170	$500

出典：ADB
注：他国においては，MDG の「基準年度」は1990年と設定されているが，アフガニスタンではデータが入手できないため，2004年（調査年）におけるデータを基準としている。

め，課税ベースが狭いこと，④輸入超過であるということである。また，アフガニスタンが MDG の各目標を達成するためには，貧困層に配慮した成長，広範囲な成長が不可欠である。また，貧困状況についてはデータが不足しているため，定量的に示すことはできないが，住民の栄養状況，健康状況などから農村を中心に慢性的な貧困が深刻な問題となっているとしている。

表9 ANDS実施のための資金計画 (単位:百万ドル)

年度	2006	2007	2008	2009	2010
自己収入	532	677	853	1,033	1,220
リカレント予算	719	842	968	1,118	1,228
開発事業予算	641	728	789	857	872
軍隊	125	181	241	304	311
警察	130	130	130	130	130
保健	88	118	128	135	144
教育	50	54	56	58	61
NSP	150	150	150	150	150
その他	100	92	86	80	74
資金ギャップ	828	891	904	942	878

出典:I-ANDS (2006)

　ANDSのセクター・テーマ別課題と優先順位については，大枠として「治安」，「ガバナンス，法の統治および人権」，「経済と社会開発」の3本柱と，そのいずれの分野にも共通するテーマを列挙している。共通テーマとしては，ジェンダー，麻薬撲滅，地域協力，汚職追放，環境に焦点をしぼっている。3本柱のうち，特に「経済と社会開発」についてはさらに，小分類として，①インフラ・天然資源開発，②教育・文化，メディア・スポーツ，③保健と栄養，④農業・農村開発，⑤社会救済，⑥経済的ガバナンス，民間部門開発がある。アフガニスタン政府が今後行う公共支出プログラムは，この3本柱のなかで実施され，予算管理されることとなる。また，外国からの援助プログラムもこのANDSの枠内で実施される。以上のプログラムを実施するための，資金計画（予算）は表9で示したとおりである。

予算の特徴と国軍の位置づけ

　この表のなかでNSPというのはNational Solidarity Program（国民連帯プログラム）という世銀中心で実施してきた地方開発プロジェクトである。日本もNSPに協力している。もともと，この事業は1995年以来国連が北部のマザリシャリフを中心に行ってきた国内避難民の再定住事業の枠組みを修正しながら，支援金額を拡大し，全国に広めてきた事業である。既存の伝統的な村落

ブルカを着てカブール市内を歩く女性たち（2002年，筆者撮影）

の意思決定組織である「シューラ」が男性の長老を中心とした意思決定メカニズムであるのに対し，NSPでは男女・世代を問わず関係者が意見を表明し意思決定に参画できる新たな組織として「地域委員会」を作り，当初は住居を中心に支援し，その後支援の中身をこの委員会の要望に応じて多様化していった。

　ANDS予算のなかでは軍事部門が大きな割合を示しているのが特徴である。軍事予算や警察部門の予算については，多くの途上国で開発予算として計上されていないばかりか，国家予算としても不透明である場合が多く，世銀などはかならずしもこうした安全保障部門の予算に関する分析に力を入れてこなかった。しかし，近年，開発資金のいわゆるファンジビリティの問題とからんで，開発支援にあたって適切に資金がその国の開発（とりわけ貧困削減）に充当されるためには，国家予算全体の使途と透明性を確保する必要があるとの議論を強め，関与を深めてきた。

　それにしても，国際ドナーが軍や警察の予算を含めた安全保障分野の予算の調査・分析に直接手を着けるのは，アフガニスタンが最初といってもよい。しかし，その背景にはアフガニスタンならではの特殊事情がある。第1に，アフガニスタンの開発の将来にとって安全保障分野の改革が決定的に重要であること。第2に，国家予算のなかで安全保障関連予算は全体の4割を超え，公共支

出管理の中に取り込まざるをえないこと。第3に，安全保障分野の支出管理の弱さは，アフガニスタンの制度全体や公共支出の有効性に深刻な影響を与えかねないこと。第4に，安全保障分野の予算の多くが国際社会のドナーによって支援されており，援助の運営・効率と密接に関連すること。

地域的発展性

　アフガニスタン経済が自立的な成長を確立していくためには，周辺国，すなわち，中央アジアや南アジア，中東を含めた地域との貿易・投資関係をより活発にしていかなければならない。そして，外国からの民間投資を促進するには，道路や通信といった経済インフラが整備されている必要がある。しかし，現在のインフラ整備状況はきわめて劣悪である。たとえば，戦争によって多くの道路が破壊されたが，各国の援助により，2003 年現在，アフガニスタンの幹線道路の総距離は約 35,000 km（未舗装約 27,000 km）まで修復されてきている。しかし，道路の整備状況は，国全体としてはまだ不十分である。また，歴史上，アフガニスタンに鉄道を敷設するという構想はいく度か出てはそのつど挫折してきたため，現在アフガニスタンには鉄道網は存在しない。水路は，中央アジアとを結ぶアムダリア河があり，船による輸送は可能となっているが，水上輸送網は整備されていない。空港は全国に 47 あるとされ，うち，10 の空港に滑走路が舗装されているとされる。緊急援助により，カブール空港をはじめとする主要空港の整備は進んでいるものの，依然として不十分な状況である。

　アフガニスタンの電化率はわずか 6％ であり，ほとんどが首都カブールに集中している。2003 年現在，国内で 905 百万キロワット（毎時）を発電（水力発電）しているものの，需要に追いつかず，200 百万キロワット（毎時）をウズベキスタンから買電しているのが現状である。

　通信部門については，急速に整備されているものの，需要には追いついていないのが現状である。固定電話は人口 1000 人あたり 1.6 台にとどまっている。インフラの未整備だけではなく，通信に関する法律が未整備で通信行政が確立していないことが，通信料金の徴収などにおいて混乱を招いている。

　将来の有望セクターとしては，正確な埋蔵量などは未確認ながら鉱物などの天然資源がケシ栽培に代わる外貨獲得源として期待されており，ADB をはじ

めとするドナーも調査のための支援または支援準備を行っている。

アフガニスタン周辺の中央アジア諸国にとって石油・天然ガスは外貨獲得源であると同時に，重要な外交のツールとなっている。その意味で，懸案となっているカスピ海の天然ガスパイプラインをどのルートで通すのかという問題は，単にコスト面のみならず，そのルートの持つ地政学的意義のバランスを検討されなければならない。たとえば，イランを通すか，通さないかという問題は国際関係に大きな影響を及ぼす。

地域横断的な資源管理問題は，つねに地域紛争の火種を抱えている。たとえば，水資源管理についても，上流・下流周辺の国で利害関係の対立が生じている。こうしたことから，国際ドナーは従来から，パイプライン構想以外にも，地域協力のためのインフラ（道路・通信・運輸など）について積極的に支援を展開してきた。

アフガニスタンに対する直接の支援はもとより，周辺国に対する経済支援は，経済復興効果に対してある種の**乗数効果**（multiplier effect，直接，間接的な影響を考慮した投資の相乗効果）を持つと考えられる。一般に，内陸国では通常の輸送コストの50％以上も余計にかかることが知られており，輸送コストをいかに軽減させるかが生産物の市場競争力を高め，輸出促進することにとって重要な課題となっている。アフガニスタンの場合，周辺国の輸送コストを軽減するため，次のような輸送ルートの整備が考えられる。

中央アジアルート：タシケント・アルマティを中心に，中央アジア経済圏が広がっている。アフガニスタンへのルートを確保することは，中央アジア諸国にとっては，アフガニスタン以南との貿易関係を促進する。またアフガニスタンにとっては，中央アジア諸国およびロシアなど旧ソ連諸国からの資本流入とこれら諸国に対する輸出促進が期待できる。特に，石油・天然資源の豊富なトルクメニスタンとはすでにパイプライン・プロジェクト構想がある。

イランルート：東部ヘラートから，イランから隣接の国際港ドバイ港を通じて，中東，アジア・北米市場に対するアクセス。アフガニスタン市場に流通している家電製品や自動車，機器の多くはこのルートを経由して輸入している。さらに，イランと隣国のトルコを通じて，陸路EU市場へのアクセスが大幅に

改善されることが期待される。

パキスタンルート：カブールまたはカンダハールからパキスタンへ抜けるインフラ・ルート。まず，カラチ港へのアクセスの改善，ペシャワールを経由した中国およびインド市場へのアクセス改善が期待される。アフガニスタンの日用雑貨品のほとんどは中国製品である。インドとの関係は，インド・パキスタン関係の進展が鍵を握る。アフガン復興を請け負う土木業者・技師の多くはインド系であり，現地で企業活動を繰り広げている。

　アフガニスタン周辺の輸送チャンネルを拡大することにより，タシケント・アルマティ，ドバイを中心とする地域経済圏との接点が確保され，経済的波及効果も飛躍的に拡大することが考えられる。運輸部門を中心とする，アフガン国内のインフラと連携して，こうした周辺国支援を実施していくことが望ましい。同時に，整備された物理的インフラが最大の経済効果を持つためには，関税の軽減など域内協力，貿易制度改革を実施していくことは不可欠であり，経済協力機構（ECO：Economic Cooperation Organization）などの役割の強化が求められる。

　こうしたなか，ADBは，国際金融機関のなかでも，西・中央アジアに対する広域インフラの整備に対してもっとも積極的な事業展開を繰り広げてきた。1996年以来，エネルギー，貿易，運輸部門に対する案件形成を行ってきた。たとえば，カザフスタンとキルギス共和国を結ぶ道路はADBの協調融資を受けて実現した例である。こうしたインフラ整備の効果を高めるため，域内の関税・中継貿易協定を促進するための政策協議が行われてきた。域内通貨の兌換性，国境封鎖・警備，関税制度，通関業務分野の改善が急務となっている。その他，教育，農村金融などの分野でも技術協力を行っている。また，カスピ海天然ガスパイプライン（アフガニスタン，パキスタン経由）建設に関しては，国際ドナーの中ではADBがもっとも積極的な立場をとっており，プロジェクト実施のための準備調査を実施している。

地域協力機構の可能性

　ペルシャの征服（紀元前以前）までさかのぼれば，西・中央アジア一帯地域

は，トルケスタン（Turkestan）と呼ばれていた。このなかには，現在の中央アジア諸国，アフガニスタン北部，中国ウィグル地域なども含まれる。ソ連邦の崩壊以降，西・中央アジア地域の経済協力を制度化しようとする試みが行われた。アフガニスタン内戦の長期化や中央アジア諸国のイスラム過激組織に対する警戒心，各国の内政事情などからこうした制度が実質的に機能した例は少ないが，アフガニスタンの復興支援は，「休眠」状態の地域協力機構を活性化する格好の契機になるのではないかと考えられる。中央アジア諸国にとって，アフガニスタンの安定は南方政策への重大な変更をもたらす意味を持っていた。特にウズベキスタン政府はボン合意当初からアフガニスタン復興支援に積極的であり，アフガニスタン復興支援において中央アジア諸国における拠点を自負しているところがある。

　独立以降，中央アジア諸国域内の経済交流が進展せず，対ロ貿易を中心とした経済構造が経済低迷と生活水準の低下・貧困拡大をもたらしてきたことに鑑みても，中央アジア域内経済を強化し，同時に，内陸国の地経的制約を克服するため，オープン・エコノミーへの転換が必須となっている。特に，水資源エネルギー分野での協力は域内経済の死活問題であり，協力は不可欠である。

　地域的協力関係を強化させる枠組みとしては，これまでにもECO（経済協力機構）（イラン，パキスタン，トルコ，アゼルバイジャン，トルクメニスタン，ウズベキスタン，タジキスタン，キルギス，カザフスタン，アフガニスタン），中央アジア協力共同体（CACO, 1994年成立，加盟国はカザフスタン，キルギス，ウズベキスタン，タジキスタン：ロシアはオブザーバー），CASCO（カスピ海沿岸諸国），GUUAM（グルジア，ウクライナ，ウズベキスタン，アゼルバイジャン，モルドバ），最近では「上海ファイブ」と呼ばれる中国を含む枠組み，などがあるが，これらの機関のなかで特に注目すべきは，ECOとCACOである。

経済協力機構（Economic Cooperation Organization：ECO）：西・中央アジア地域をもっとも包括的に扱う唯一の組織である。イラン，パキスタン，アフガニスタンを含む西アジア地域と，トルクメニスタン，ウズベキスタン，タジキスタン，キルギス，カザフスタンを含む中央アジアを結び，さらに，トルコ，アゼルバイジャンも加盟しており，WTOや国連総会でのオブザーバーのステ

ータスを持ち，ほかの国際機関・地域協力機関との交流も積極的に行っている。本部事務局はテヘランにある。1992年にはアフガニスタンも加盟国となった。

　設立目的は，「域内貿易の拡大，持続的経済成長，文化的・精神的連帯の強化」であり，毎年外相会議を加盟国持ち回りで開催することになっている。ECOの活動範囲は経済・通商，技術・産業，運輸・通信，農業，エネルギー，環境・医療，麻薬撲滅，教育・文化など広範囲にわたり，それぞれECOの下部組織である10の委員会を通じて活動が行われる。特に，重点分野とされているのは域内貿易関係の拡大であり，将来的に，域内関税引き下げの検討を行うことになっている。1993年のイスタンブール首脳会議では，「西暦2000年までに，加盟国間が道路・鉄道・空路・通信ネットワークで結ばれる」計画が採択され，実際にイスラム開発銀行やESCAPが開発に着手したものの，その後進展していない。さらに1998年には，アルマティ首脳会議において，「1998～2007年ECO運輸通信10年」計画が発足した。また，石油・天然ガス資源における協力関係についても協議が行われ，麻薬・密輸防止についての協力関係も確認された。こうした，首脳会議や各種宣言にもかかわらず，ECOの経済協力推進に関する実績はあまり芳しくないのが実情である。

　こうしたなかで，トルクメニスタンの対イラン貿易が注目されている。トルクメニスタンは1997年にイランへの天然ガスパイプラインを完成させたことが貿易量拡大の一因となっている。このパイプラインは西トルクメニスタン～イラン間，年間80～120億立方メートルの規模を輸送する能力を持つ。これは，アフガニスタンの内戦の長期化（ECO加盟国の多くが反タリバンの立場をとっていたこと）に加え，タジキスタンでも武力衝突が発生し，ECO発展の要となるウズベキスタンも，あまり積極的に地域協力のイニシアティブをとってこなかったことなどが錯綜し，情勢をいっそう複雑化している。

中央アジア協力共同体（Central Asia Cooperation Organization：CACO）：CIS加盟国のうち，カザフスタン，ウズベキスタン，キルギスが1994年に設立した地域協力機構で，当初は中央アジア経済共同体（Central Asian Economic Community：CAEC）として発足した（1998年にはタジキスタンが加盟）。具体的な協力関係は，1997年にエネルギー，水資源，食糧生産，鉱物・原材料に関する国際共同事業を設立する議定書に調印済であり，1998年には域内4

カ国による水力発電所の共同開発構想が発表された。ロシア周辺国を中心とする旧ソ連諸国内の関税同盟結成の動きを受けて，1999年には，相互の経済協力を強化した「自由貿易圏」を目指す将来構想を打ち上げた。当初は，経済分野での協力であったが，フェルガナ盆地を含め，地域内でイスラム過激派が勢力拡大するにつれ，次第に軍事安全保障分野での協力も含まれるようになり，2001年に現在の名称になっている。

なお，アフガニスタン復興問題については，CACOとして積極的な立場を表明している。たとえば，2002年12月のCACO首脳会議では，加盟4カ国の首脳が東京復興会議のプレッジの早期実施とカルザイ政権に対する支持強化を共同コミュニケとして発表している。また，国際テロや麻薬撲滅などについては，地域協力の枠組みで対応していく方針を明らかにしている。ただし，中央アジア諸国内のこうした動きが，アフガニスタン・イラン・パキスタンを含む拡大協力関係にまで発展していく可能性があるのかは微妙である。

上海協力機構（Shanghai Cooperation Organization）：中国は国内にウィグル族の潜在的な分離独立運動をかかえ，また中央アジア諸国と隣接していることもあり，国境警備・テロ防止の観点から域内協力に積極的であった。1997年には中国，ロシア，カザフスタン，キルギス，タジキスタンにより，域内安全保障条約を締結し，「上海ファイブ」として発足した。2001年にはウズベキスタンが正式加盟し，上海協力機構と名称変更になった。この機構は中央アジア諸国にはIMU（ウズベキスタン・イスラム運動，Islamic Movement of Uzbekistan）をはじめとするイスラム過激派勢力があり，国際テロ組織となって，中国のウィグル地域やロシアのチェチェン地域への拡大をみせていることから，各国の利害関係が一致するかたちで発足した。ただし，中央アジア諸国のなかには中国やロシアのこの地域への介入を望まない空気もあり，さらにトルクメニスタンも参加していないことなどから，この枠組みが地域の秩序安定にどの程度寄与するのかは未知数である。

4
イラク復興支援への示唆

　ここでは，アフガニスタン型の平和構築支援が，ほかの国においてどの程度当てはめることができるのかという点について，イラクの例を中心に検討していきたい。

イラク戦争とその後
　小杉（2006）による中東世界の「3ベクトル」（ナショナリズム，西洋的近代化，イスラム復興）の分析によれば，サダム・フセイン時代のイラクは「世俗的なナショナリズムに立脚するバアス党が独裁的に支配し，そのうえで西欧的近代化を取り込んだ発展を推進していた」のである。そして，イスラム復興は，反体制派の念願であった。2003年のイラク戦争とフセイン政権の崩壊により，それまで抑圧されていた諸勢力，特に，「クルド人のナショナリズム」「イスラム復興を記帳とするシーア派」「欧米に近い世俗派」が覇権争いをするようになったのである。

　　かつてのバアス党支配は，民族主義のベクトルに依存するとともに，それを強化しながら行われていたが，バアス党の支配が崩れたからといって，そのベクトルがなくなるわけではない。実際に起こったのは，そのベクトルが新たな組織やネットワークを生み出したということであろう。従来であれば，民族主義とイスラム復興のベクトルはスンナ派住民の間で，体制対反対体制として対抗する働きをしていたが，バアス党支配が消滅することで，むしろ外国支配という「共通の敵」を得て，相互に補強し合い，ベクトルの輪が大きなものとなるようになった。

　つまり，大方の予想を裏切って，戦後のイラクにおいては，反フセイン勢力が，一斉に反米勢力に転化したのである。かれらは，フセイン政権の残党というよりは，むしろ反フセイン，非世俗派勢力とみるべきなのである。
　こうしたいくつかの錯綜するベクトルが混在するイラクにおいては，アフガ

ニスタンにみられたような，あるいはそれ以上の国民国家としての統合の困難さを抱えている。また，フセイン時代のような強権的な手法で国民を統合していくことは，民主主義の建前上，許されない。

支援の枠組み

　イラクは，アフガニスタンと同様，アメリカ軍主導で旧勢力を駆逐し，新たな民主制度を構築しようと模索している国である。日本はイラクに対して，特別な法律を制定して自衛隊を派遣できるようにし，自衛隊の派遣されたサマーワを中心に，ODAと自衛隊が連携した事業を展開している。

　そもそもイラクについては，2003年にアメリカ軍により戦争の終結宣言が出された後，日本を含め，多数のドナーが現地入りし，それぞれ事務所開設準備やイラク人スタッフの雇用など，イラク支援準備が開始された。しかし，2003年8月に国連バグダッド事務所がテロによって爆破され，国連代表以下が殺害されるという悲惨な事件が発生した。また，その後，日本人の外交官やジャーナリストらが殺害されるという傷ましい事件も発生した。国連ビル爆破事件後，主要ドナーはヨルダンにイラク支援の拠点を移し，イラク内の治安改善のめどが立たないなか，国連を含め各ドナーともアンマンに「イラク支援事務所」を開設して，オペレーションを開始した。しかし，その後も治安は回復せず，2007年現在，イラク支援の基本的な実施体制は，ドナー各国はヨルダンからの遠隔操作体制を継続している状況である。

　戦争終結からドナー支援にいたるプロセスはアフガニスタンの場合といくつかの点で類似している。つまり，2003年10月にイラク復興支援国会合がマドリードで開催され，国際社会は総額330億ドルをプレッジした。そのうち，日本は50億ドル（うち無償15億ドル，有償35億ドル）の支援を表明した。その後，約束を履行しているのは，アメリカ，イギリスと日本のみと見られる。多くの国や機関は，治安悪化を理由に，実際はプレッジ内容から大きく縮小した支援実績に留まっている模様だ。2006年末現在，日本政府がイラクに対して支援を約束した無償資金協力15億ドルのうち，日本独自の支援事業は，発電，病院，下水処理施設，道路，通信などのインフラ事業が中心となっており，すべて約束どおりに実行されている。

金額的には有償（円借款(しゃっかん)）が大きいが，円借款事業は一件あたりの金額が無償案件と比較すると数倍から数十倍の規模であり案件形成に準備がかかるため，結局無償案件が中心となって復興事業が進んでいる。ただし，治安の問題や公共支出管理の問題もあるので，無償1,600億円弱のうち，3分の1の金額を世銀・国連の設置した「イラク復興基金」に拠出，残りの3分の2を日本単独で実施している。

しかし，治安に問題のあるプロジェクト地域にどのようにプロジェクトを実施するのであろうか。日本の援助機関は，国連ビル爆破事件以降も，数十名規模のコンサルタントをヨルダンの首都アンマンに常駐させ，レバノン，ヨルダン，イラク人など中東地域の下請けコンサルタントを使って，遠隔操作による現地調査を行った。この方式は通常の何倍もの費用がかかった。また，実際に日本人職員が現地に入るわけではないので，事業の進捗状況をモニタリングすることが難しい。日本の援助で建設した橋や道路が，万一テロ活動によって破壊されたとしてもすぐには確認できないのが実情である。

ここに遠隔操作型支援の難しい点がある。治安が悪化して，ドナー側の専門家が現地入りできないような危険な地域ほど，実はもっとも援助を必要としている貧しい地域なのである。そのような平和構築支援の矛盾を抱えながら，暗中模索しながら支援していかざるをえない難しさがある。

なお，日本は対イラク公的債権を80％（約7,100億円，約60億ドル）削減したこともあり，数字の上ではイラクにとって最大の債権国となっている。それは裏返せば，日本が石油資源外交を展開した1970〜80年代を通じて供与した円借款が大きかったことを物語っている。

他方，アフガニスタンと同様に，政治プロセスに対する支援も実施している。たとえば，選挙支援では，2004〜05年にイラク独立選挙委員会メンバーを日本に招聘して，選挙管理の基礎的知識を研修したり，憲法制定支援では，2005年に東京で，憲法制定支援セミナーを開催し，ハサニー国民議会議長を代表とする14名の代表団が訪日している。日本は，アフガニスタンにおいて政治プロセスに対する支援を行った実績があるが，イラクにおいてはフランスやドイツが参加していないこともあり，アフガニスタン以上に積極的に，日本が政治プロセスに関与する結果となっている。

今後の展望

　日本以外のドナーでは，EU全体で3億ドル程度を供与している。アメリカは数十億ドル規模の支援をしているが，軍に守られながら現場に入って実施しているので，日本とは状況が異なる。現地に入らず，遠隔操作でこの規模の支援を実施しているのは，日本のみであるといってよい。いずれのドナーにとっても，現場の安全管理が最大の課題であり，そのコストが莫大なものにおよんでいる。また，道路や発電所などのインフラが完成しても破壊される可能性があることも，イラク支援の難しいところである。

　インフラ復興支援とならぶ，日本のイラク支援の柱が，研修事業を中心とするJICAによる人材育成である。JICA研修事業は，2006年末現在，ヨルダン，エジプト，シリアにおける第3国研修，日本での本邦研修をあわせ，3年間で延べ1,500名規模に達する。これはドナーのなかでも最大規模である。人的資本の蓄積は，長期的な国土の復興・発展にとって不可欠である。

　その後の状況を鑑みれば，イラク情勢，特に治安悪化の長期化の見通しを，戦争開始当初の2003年からある程度正確に立てておくことは，情報収集と分析・研究により，十分可能であった。多くの研究者，政治家，市民団体からの警告もあったが，日本政府は対米配慮もあり，いわば引くに引けぬ状況のなかで，イラク戦争の泥沼化に引きずり込まれてしまったのである。平和構築案件には外交配慮・政治配慮優先で実施される場合が多いので，実施機関レベルでできることは限られているが，それでも何が起こっても困らないような事前の準備だけはしておく必要がある。イラク情勢の長期化を予想して，多くのドナーが隣国ヨルダンに活動基盤を早期に構築していたが，これは日本のように事後的に対応していたのとは好対照であった。

　アフガニスタン，イラクの事例に共通する教訓として，武力による制圧によって「民主化」「体制改革」「国家建設」を行おうとしても，それは結局「勝者による平和構築」にすぎず，定着しないということがいえよう。平和を構築する，とは当時者である国の国民の合意により，徐々に定着していく息の長い移行プロセスなのである。

―第3章の要点　*Key Point*―

① アフガニスタンは大国の戦略援助競争に翻弄された。地方の軍閥が群雄割拠する無法地帯であったが，2001年のアフガン紛争を契機に，ボンプロセスを経て，2004年には新憲法を制定し，民主制度が確立した。しかし，治安の回復には結びつかなかった。

② アフガニスタンは内陸国であるため，パキスタンやイラン，中央アジア諸国との政治的・経済的関係の強化を図りながら，ケシ栽培に依存する経済構造を転換させる必要がある。

③ アフガニスタン国家戦略（ANDS）を国際社会が支援することにより，経済成長，国家統合の過程を見守っていくことが必要である。

④ 「勝者による平和構築」は，アフガニスタンにおいてもイラクにおいても，恒久的な平和をもたらさない。

第4章
開発独裁体制の崩壊
——インドネシアと東ティモール——

東ティモール・ヌアイの PKO キャンプ（2003年，写真提供：伊勢崎賢治氏）

1 スハルト体制の崩壊と地方分権政策　125
2 東ティモール　134
3 アチェ　150

第4章 開発独裁体制の崩壊——インドネシアと東ティモール——

本章で学ぶこと

1999年9月。南洋の小国，東ティモールの首都ディリには黒い煙が立ち込めていた。ミリシアと呼ばれる民兵が街中を破壊し，人々を殺戮し，火を放ったのだ。世界中を震撼させた，同時多発テロが発生するちょうど2年前のことである。事の発端は，8月に行われたインドネシアからの独立を問う住民投票だった。

当初，インドネシアのハビビ大統領および国軍は東ティモール住民はインドネシアへの帰属を望むものと高を括っていた。ところが蓋を開けてみると，78.8%もの圧倒的多数で独立が可決されたのである。併合派住民が民兵化し，破壊活動を行い，大暴動につながったのである。その後，オーストラリア軍を中心とする多国籍軍が投入され，国連の統治を経て，2002年5月に正式に独立したことは周知の事実である。

東ティモール独立前後から，インドネシアの各州では，中央政府からの独立を求める動きが噴出していた。スハルト大統領時代に強い中央集権をとっていた国家体制は，それ以後，権力を分散させることでこうした国家分裂の危機を乗り越える，地方分権政策を採用するようになった。「第2の東ティモール」を出さないためである。

第3章でみたアフガニスタンおよびイラクの事例は，国際社会が軍事力主導で国家建設を行おうとする際に，介入の正当性，法の秩序，経済復興の波及効果，経済の自律的発展の確保が重要であることを示していた。つまり，中央集権の強化により自律的な国家統合を進めることが平和構築に寄与するという考え方である。しかし，国内で民族的・宗教的な立場から中央政権からの自立ないし独立を望んでいる勢力がある場合には，これらの勢力に対して，一定の権限委譲，場合によっては独立を認めることが平和構築に寄与する。東ティモールの場合もその一例であるといってよい。

本章では，まず，1998年にはじまったインドネシア危機前後までの，スハルト体制の特徴と日本の役割を概観する。つぎに，インドネシア危機をきっかけとして独立した東ティモールの状況を，民族と国家のアイデンティティの問題を中心に検討する。最後に，2004年末のスマトラ地震以降のアチェ州の独立運動および日本の支援について述べ，こうした事例が，他地域においてどのような意味合いを持ちうるのかを検討する。

1
スハルト体制の崩壊と地方分権政策

インドネシア型開発独裁

　1966年に政権の座に就いたスハルト大統領は「開発の父」と呼ばれ，以後32年にわたり，政権の座に君臨することとなった。その特徴は，ひとことで言えば，「インドネシア型開発独裁」といってよい。

　そもそも「開発独裁」に相当する英語はあまり一般的ではなく，日本国内の研究者のあいだで広く用いられる用語のようである。『国際協力用語集』によれば，つぎのような定義がなされている。

> 経済発展により国民の生活水準や福祉の向上を目指すことを口実に権威主義を正当化する政治支配のあり方を示す。……激しい国際競争の中で経済的キャッチアップを目指す開発途上国には，権力の分散や多様な要求を持つ国民大衆の参加を前提とする民主主義は効率的ではないとする前提に立つ。少数のエリートにより政策決定がなされ，権力の集中のもとで資源動員を図る方が経済開発には適合的と考える。

　マルコス下のフィリピン，朴政権下の韓国，蔣経国政権下の台湾，リー・クアンユー政権下のシンガポールなどのアジアの新興国，ピノチェト政権下のチリなどの中南米諸国が開発独裁と呼ばれることが多い。その意味では，スハルト政権も開発独裁であった。急速な経済成長を遂げる，中国の共産党政権もある意味，開発独裁といってよい。

　インドネシア型の開発独裁の特徴としては，政治的にはスハルト大統領への権力集中と，経済的には留学帰りのテクノクラートの重用，いわゆる，**バークレイマフィア**（カリフォルニア大学バークレイ校で経済学を修めたエコノミストを重要閣僚・官僚ポストに据えたことからそう名づけられた）による国家計画の策定である。経済の自由化を基調とし，外国からの資本を積極的に導入しつつ，国家（またはスハルト・ファミリー）による戦略的セクター（石油・天然資源など）

の独占を経済政策の特徴としている。その体制を経済的に支えたのは，他でもない日本の ODA である。

　日本の援助の窓口でもあり，経済計画の中枢を担ってきたのが，インドネシア国家開発企画庁（バペナス）である。バペナスはスハルト政権とともに歩んできたエリート官僚機構であり，1968 年以来，5 カ年経済開発計画の策定を始めとして，開発予算や経済援助案件の審査・運営，マクロ経済の総合調整など，インドネシア共和国の経済運営の枢要の役割を担ってきた。日本政府は 1970 年代の石油ショック後，バペナスに専門家を次々と送りこみ，5 カ年計画作りに大きな影響力を発揮してきた。中央主導の国家建設は，さながら日本の戦後の経済政策を彷彿とさせるものであった。

　他方，成長の影で，農村と都市，ジャワ地域と非ジャワ地域の地域格差が社会問題となるようになった。それにともない，さまざまな交付金事業が実施されるようになった。多くは，バペナスが行った全国規模の貧困対策事業である。しかし，その内実は「上から」のアプローチであり，個別の地域的な状況を反映したものとはいいがたいという批判があった。こうして人々のあいだに徐々に不満が広がってしまったのである。

　日本はインドネシアの最大の援助供与国にして，最大の海外直接投資（FDI）供与国でもあった。それには，日本が戦前・戦後を通じて，石油資源大国インドネシアを東南アジアにおける重要な戦略的拠点と位置づけ，官民あげて大きなてこ入れをしてきた経緯がある。戦後賠償から出発した日本の政府開発援助が中国と並んでインドネシアで最大規模であり続けてきた政治的・歴史的背景を鑑みれば，明らかにそこに日本の国益（資源安全保障）とスハルト体制の利害の一致が見られた。また，1980 年代のインドネシアは，世界銀行と IMF のアドバイスを積極的に受け入れ，経済構造の石油依存体質からの脱却を図り，工業化に成功し，東南アジアにおける経済運営の「優等生」としてのお墨付きを得ていた。

　白石（2001）によれば，スハルト体制下のインドネシアには，政治の安定が経済の開発を可能にし，国民生活の向上をもたらし，さらなる政治の安定をもたらすという好循環が存在した。しかし一方で，ジャワ島以外の地方の声は中央まで届かなかったのである。そこにある種の非対称性が存在した。ジャワ島

以外を「ジャワ化」することで,そのような非対称性がなくなり,全土がインドネシアとしての統一性を保ち,それを国民が望むであろうという期待があったのである。もちろん,東ティモール,アチェなどの独立要求はあったが,スハルト体制の最大の資金提供国であった日本はそうした「国内問題」について,あえて明確な立場をとろうとしなかった。国際会議の場でもインドネシアの立場を支持していた。そうした抑えつけられていた国内の不満が1998年にはじまるインドネシア危機で一挙に爆発し,国内分裂の危機に陥ったのである。

スハルト体制の崩壊

　白石(2001)が指摘した開発独裁の好循環を破ったのがインドネシア危機(1988年)である。インドネシア危機はアジア金融危機を発端として起こった。1997年後半にタイのバーツの下落にはじまり,東南アジア諸国を通貨危機に巻き込んだ一連の動きは,インドネシアの社会経済を根底から揺さぶる結果となったのである。インドネシアの場合,危機前に1ドル＝2,400ルピアだったのが,1998年1月には15,500ルピアにまで落ち込み,同年6月には16,000ルピアを割り込んだ。経済の自由化により,「奇跡の」成長を遂げていたインドネシア経済であったが,1998年の実質GDP成長率は,マイナス13.2％の落ち込みを示した。これは韓国の場合のマイナス5.8％,マレーシアのマイナス7.5％はもちろんのこと,タイのマイナス10.2％と比較しても著しい。

　経済危機は政治危機につながり,1998年には学生を中心とした反政府運動が暴動にまで発展し,中華系住民への破壊活動が繰り広げられ,大統領を辞任にまで追い込んだ。32年間続いたスハルト政権が崩壊したのである。インドネシア政権はその後の2〜3年のあいだにハビビ,ワヒド,メガワティとめまぐるしく交代し,国内政治は混沌とした。そうしたなかで,1999年には象徴的な東ティモールの分離独立,民主化・政治改革の要求,アチェなどからの分離独立運動の高まりなど,中央政府の求心力は弱まっていった。

　こうした一連の社会危機を通じて明らかになったことは,スハルト政権下のインドネシアの「奇跡の」成長がいかに脆弱(ぜいじゃく)な社会基盤のうえに成り立っていたかということである。脆弱であるがゆえに,時に東ティモールなどでの武力弾圧や,ジャワ化を目指した国内移民促進政策,中央政府からの補助金・交

付金など，さまざまな方法を通じてかろうじて国としての一体性を保っていた。その脆弱性が露呈され，制度的な強化の必要性が認識されるようになったのである。それまでインドネシアは ASEAN の盟主として中心的な役割を担ってきたが外国の投資家が一斉に引き上げるなど，国際的な信用を失った。経済危機を通して体外的にも国内的にもスハルト体制が崩壊した瞬間であった。

日本からの ODA はインドネシアの奇跡の成長を支えたものの，支援の大半は円借款であり，道路・通信・空港などの大規模な都市インフラ部門が中心であった。そこには，日本国内の ODA 供与体制とインドネシアの国家計画にとって「インフラ重視」が共通利益とされてきたという背景がある。別の言い方をすれば，ODA は国境を越えた「公共事業」であり，従事する行政機構，業者を中心とする「供給側」の論理であり，地域住民の視点といった「需要側」の論理を反映しづらい状況にあった。

自由主義経済を進めた結果，スハルト政権末期になると，ジャカルタを中心とする都市住民と，ジャワ以外の地方との経済格差が際立つようになってきた。そこで，地方の貧困村を対象とした交付金型の開発計画が行われていた。その代表的なものが，いわゆる IDT（インドネシア語で Inpres Desa Tertinggal「後進村に関する大統領令」の頭文字をとったもの）プログラムである。全国6万余の「村」(desa) のうち，所得水準やインフラ整備状況などを加味して選ばれた IDT 指定村，約2万余に対して供与された，小規模な「ひもなし」資金（地方交付金の一種）である。しかし，その IDT プログラムもその効果発現に対しては内外から疑問視する声が多かった（Daimon 2001）。

国家分裂の危機

スハルト体制が崩壊すると，これまでの強権的な開発独裁体制に対する反動として，国内各地から分離独立運動の要求が噴出する。東ティモール，アチェ，イリアンジャヤ，マルクといった地域である。副大統領職から政権を引き継いだハビビ氏としては，こうした分離独立運動に対して，これまでの権力集中から権力分散への方向転換することを余儀なくされた。その一環として，1999年には「地方行政法」「中央・地方財政均衡法」を成立させ，地方分権政策を実行した。国家分裂の危機を，地方分権の導入により解決したいという意図が

あった。一種の「ガス抜き」である。

そうしたなか，かつては中央集権の象徴的な存在であった，バペナスも大きくその役割を変化しつつある。バペナスの所掌範囲は当初のマクロ経済運営，予算策定に加えて，中央と地方の行政能力強化が加わった。また，経済危機以降のバペナスの業務は従来のマクロ経済分野に加えて，貧困対策・社会開発，**ソーシャル・セーフティネット**（social safety net，社会的弱者救済）といったミクロ分野への重要性が増している。最近では，PRSP の策定を行い，上からのマクロ経済運営と下からのミクロレベルの貧困対策の融合を図る政策を計画実施している。

インドネシア危機はその後のセーフティネット政策の実行により，2000年頃までには回復基調に向かった。失職した都市の労働者は仕事に復帰し，物価高騰も沈静化した。このなかでセーフティネットについては，貧困層に対する米支給がもっとも大きな位置づけを占めており，次いで**ワークフェア**（workfare）とよばれる日雇い労働，さらには奨学金，医療補助，地域補助金などがそれに続いている。このうちワークフェアは従来のバラマキ型の IDT プロジェクトとは異なって，貧困層が自らの意思で参加するかどうかを決定するものである。参加の意思決定が，国家や地方自治体よりももっともミクロレベル（すなわち個人単位）でなされるという意味において，究極的な分権と考えられている。インドネシアの地理的・社会的多様性に鑑み，地方分権は避けられない政治的選択であった。

しかし，地方分権は万能薬ではない。スハルト時代から続く汚職の問題は地方においても蔓延している。日本をはじめとする利権誘導型の ODA もその汚職体質を助長させた（黒岩 2004）。今後，地方分権が，汚職，縁故主義などを助長したり，覆い隠すことにならないよう，ドナーとしても監視していくことが重要である。トップドナーとしての日本の責任は重大である。

成長路線と貧困削減のせめぎあい

今後，インドネシアが統一国家として存続していくためには，極端な中央集権に陥ることなく，また，地方が分裂することもなく，集中と分散をバランスよく両立させていくことが重要である。言いかえれば，経済効率性と公正の問

題，あるいは，経済成長と貧困・不平等の問題である。1998年以降のインドネシアの混乱は，スハルト体制による経済成長路線がアジア通貨危機によって行き詰ったことにより，それまで隠蔽（いんぺい）されていた公正の問題に対する不満，特に，地方・農村部の不満が爆発した結果，起こるべくして起こった事例である。

ただし，集権による成長路線か，分権による貧困削減かという問題は相互排除的なものではなく，本来，相互補完的な関係にある。貧困削減を行うためには，成長による経済のパイの拡大が必要条件である。また，貧困者が教育を受けて，生産性が高まれば，経済成長にとってもプラスである。しかし，分裂の危機にあったインドネシアにとっては，政策としてのプライオリティを成長か貧困削減のどちらにおくかという問題が，国論を二分する路線対立問題として浮上した。

スハルト政権時代の極端な集権化，ジャワ化の反動として，インドネシア危機からしばらくのあいだ，権力分散の政治力学が優勢となり，効率より公正を求める動きが活発化した。これまで自由化による成長路線を支えてきた世銀をはじめとする国際ドナーもいっせいにその動きを支持するようになる。

その世銀は，日本についでインドネシアに対する援助額が多い。インドネシア危機後の支援政策の中心軸をそれまでの中央集権，成長から地方分権政策，貧困政策に転換させた。PRSPの策定を通じて，その具体化を推進した。

具体的にPRSPの目標を達成するためのマクロ経済政策のうち，地方分権と関わりの深いものを抽出すると，「貧困削減のための地方交付税の増加」「貧困地域に対する投資環境・政策の整備」「共同体をベースとした社会保障システムの充実」「貧困削減に関する地方政府の責任強化」などである。こうした政策目標は世銀の国別援助戦略と整合するものである。その点からもインドネシアのRRSPが世銀の新たな援助戦略に合致しているものであることは明らかである。世銀の評価によればインドネシアの地方分権は予想以上に進展しており，いくつかの目にみえる成果が上がっている（World Bank 2003 b）。特に，民主化の発展と，**アカウンタビリティ**（accountability，説明責任）の確保において，大きな役割を果たしてきたとしている。他方，地域格差の問題や地方レベルにおける汚職の問題が表面化している。インドネシア政府は多くの資金を一般配分金（Dana Alokasi Umum：DAU）や特別配分金（Dana Alokasi

図12 インドネシア各州別一人当たり歳入 (2001)

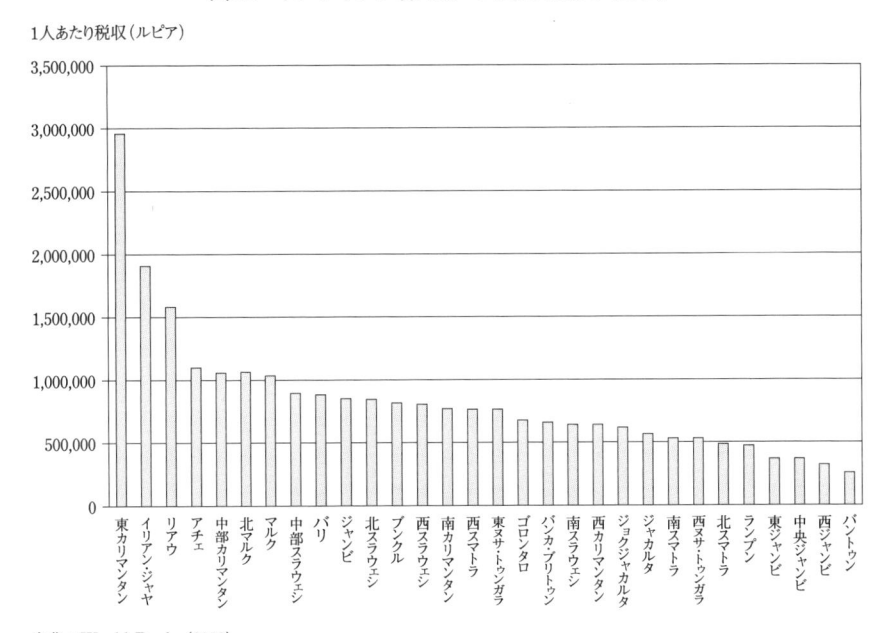

出典：World Bank (2003)

Khusus：DAK) として配分し，地方の格差を是正する努力をしてきたが，それでもなお，もっとも貧しい州のひとりあたり歳入はもっとも豊かな州の50分の1になっている（図12）。もちろん，これらは地方分権によって新たに生じた問題というよりも，地方分権によって政策が透明化した結果，明らかになったことであろう。しかしこうした格差問題が地方分権を推進する上でブレーキをかけているのもまた事実である。

さらに，今後地方が主要なインフラ事業を担当することになれば，「地方間の競争」が激しくなる恐れがある。特に，石油パイプラインのような戦略的インフラは競争が激化して，紛争になる恐れがある。ODAが地方インフラを重視するのはよいが，平和構築に逆行する，負の波及効果を生んでしまうリスク

を考えて地域配分に十分注意すべきである。

　地方間の過当競争が激化することの弊害は多岐にわたる。たとえば，より魅力的な公共サービスを提供しようと各地方自治体が必要以上の公共投資を行ってしまう，という財政効率の問題と，有力企業の誘致合戦のために環境が破壊されたり貧困層の問題が後回しになってしまう，社会公正の問題である。

日本の果たすべき役割

　これまで日本はスハルト体制を資金面で支援してきた。それは，大規模インフラ，民間投資誘発型を中心軸とする，中央集権型の開発であり，ある意味日本自身の戦後復興モデルを踏襲するものであった。しかし，結果として，公共事業のバラマキ，さらには，談合・汚職体質まで広めてしまったのである。PRSP体制によって，開発政策が分権型に転換するにつれ，日本の存在感は薄くなってきている。日本に変わってプレゼンスを高めつつあるのが中国である。もともと，インドネシア経済を支えていた華僑資本と結びついた，FDIなどが急増している。

　インドネシア全土に日本が建設した道路や橋などのインフラ事業の前には，「JAPAN ODA」と記載された大きな看板を目にする。しかし，地元住民の多くはこうした大手ゼネコンや商社が手がけたプロジェクトを冷ややかな目で見ている。なかには大きな怒りを感じている住民もいる。大規模プロジェクトにより立ち退きを余儀なくされた住民が，インドネシア政府から十分な補償金を得られずに苦しんでいるのだ。ODA事業による森林伐採などの環境破壊も深刻化している。2002年には，日本のODAによるダム建設プロジェクトで強制移住させられた住民が訴訟を起こした。いわゆる，コトパンジャン・ダム訴訟である。

　各国の支援重点分野がインフラ中心から社会開発分野中心になってきている。また権力の脱中央主権化により，これまでのような大規模事業の需要は少なくなり，むしろ雇用創出型，地場産業育成型，**マイクロ・ファイナンス**（microfinance, 小規模金融）などの分野への支援が拡大している。日本も従来の大規模インフラ事業一辺倒では国際理解を得られにくくなってきている。

　これまでの日本型援助逆風の時代にあって，日本はいかなる役割を果たすべ

> **Column 10　コトパンジャン・ダム訴訟**
>
> 　円借款により建設されたインドネシア・スマトラ島のコトパンジャン・ダムでは，工事により強制された，住民移転にともなう約束──住居，2ヘクタールのゴム農園，水道，補償金など──が達成されず，ついに日本の裁判所に提訴するに及んだ。2002年9月，コトバンジャム地域の12村，約4,000人の被害者住民が，日本国政府，JBICなどを相手に原状回復（ダム撤去）と補償を求めて訴訟を起こしたのである。2003年3月には新たにスマトラ象，スマトラ虎などの野生生物を含む自然生態系についても，インドネシア環境フォーラムを原告として，原状回復を求める訴訟が起こされている。

きか。まずは，インドネシアの最大の援助供与国として，インドネシアの社会安定に寄与する支援（たとえば貧困村に対するマイクロ・ファイナンスなど）を検討すべきである。平和構築の分野でもなすべき仕事は山積している。

　スハルト体制は，開発を国是(こくぜ)としつつ，多くの課題を棚上げにしてきた。宗教の問題もそのひとつである。いまやインドネシアは世界で最大のイスラム大国となっている。インドネシアのイスラム教は他宗教，他宗派に対してもきわめて寛容であった。もちろん，多くのムスリムは毎日の礼拝を欠かさず，ラマダン月には絶食をする。しかし，宗教はあくまでも個人的な営みであり，ほかに強要するものではない。裏を返せば，多くの中東諸国と異なり，国民という集団ををイスラムの教義で統一することは困難である。その一方でインドネシア危機，スハルト体制の崩壊とともに，反米思想をあらわにする一部のイスラム過激派が増大しつつあるのも事実である。2002年10月には観光地のバリ島で大規模なテロ事件が発生し，外国人旅行者を中心に多くの死傷者が出てしまった。真偽のほどは未確認であるが，インドネシアのイスラム過激派とアルカイダなどの国際テロ組織とのつながりを指摘する報道もある。

　日本はインドネシアにとって特別な存在である。第二次大戦中は日本軍が占領した時代もある。戦後は，そうした暗い過去を乗り越えた，信頼関係，相互依存関係を築いてきた。日本はインドネシアの平和と安定にとって今後とも積極的な役割を果たすべき歴史的責任を持っている。

2
東ティモール

分離独立による平和構築

　東ティモールは少数派が中央政府に対して抵抗運動を続け，分離独立を認めることによって平和構築の達成を目指すモデルである。インドネシアはアチェ，マルクなどでも分離独立運動を抱えているが，東ティモールの事例はそうした地域の将来像を占う上で参考になる。類似のケースはアジアだけをみても，ネパールのマオイスト，スリランカのタミル人問題など少なくないが，いずれも中央政府は少数派の分離独立を認めるのではなく，中央からの一定の権限委譲を踏まえた和解を目指そうとする。そうした分権策が失敗した例が東ティモールであるといってよい。

　東ティモールは21世紀になってはじめての独立国である。人口92万人（2004年），面積は1.4万平方キロ，長野県とほぼ同じである。この南洋の島国が独立するまでの道のりは険しく，2006年には再び市内暴動が発生するなど，独立後も多くの課題を抱えている。東ティモールは16世紀からポルトガルの植民地となって以来，第二次大戦中には，一時期日本に占領され，1975年から1999年まではインドネシアによる実効支配を受けてきた。その長い被支配の歴史の末に，東ティモールはようやく念願の独立を果たしたのである。

　東ティモールが独立するまでの克明な事実関係は，松野（2002）によって詳しく分析されているので本書では繰り返さない。ひとことでまとめるならば，東ティモールは，東西の対立していた冷戦時代には国際社会からほとんど忘れられた存在で，外国人はこの地域に入ることが禁じられていたので，外部に知られていないまま，インドネシアの実効支配と，時に流血をまねいた武力弾圧（1991年のサンタクルズ事件など）が黙認されていたのである（表10）。

　その後，スハルト独裁体制の崩壊を受けて，1999年初頭，インドネシア政府は，東ティモールの将来を決める直接投票を行うことを，ポルトガル，国連とのあいだで合意した。それを受けて，インドネシアの一州としてとどまるか，独立するか，という選択を行う東ティモールの住民による直接投票を行った。

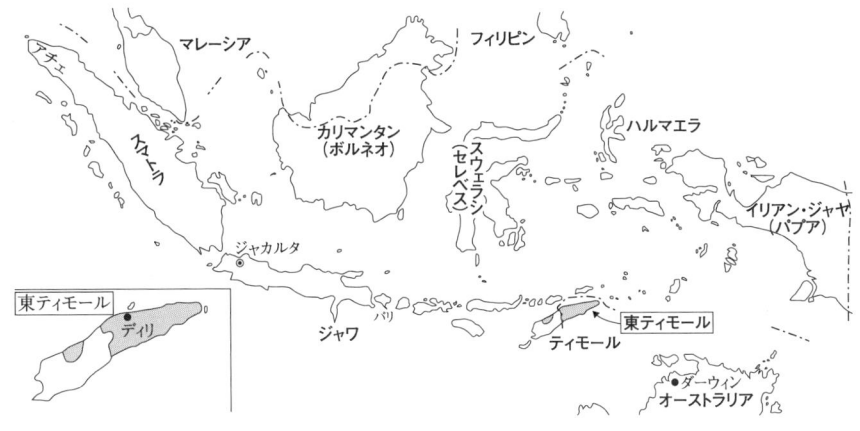

図13 インドネシアと東ティモール

出典：後藤（2000）

　1999年8月30日に実施された投票において，東ティモールの住民は8割近くの圧倒的多数で独立を選択した。

　しかしこの結果に不満を抱く，インドネシア併合派住民（ミリシアと呼ばれる）は，インドネシア軍部の後ろ盾のもと，中心地ディリの破壊，独立派住民への嫌がらせ，殺戮などを行い，東ティモールには深刻な人道的危機状況が発生した。国際社会は，インドネシアに治安回復を支援する多国籍軍の受け入れを迫る。国際社会の圧力に押されて，インドネシア政府もこれを受け入れ，オーストラリアを中心とした多国籍軍（INTERFET）が派遣され，治安の回復が図られた。多国籍軍が治安回復を達成した後，引き続き東ティモールの独立までの統治を行い，国づくりの基礎工事ともいうべき役割を担うPKO，国連東ティモール暫定行政機構（UNTAET）が発足するに至った。

　スハルト政権による「ジャワ化・インドネシア化政策」によって，東ティモールでは統一した国家の基盤となる言語もなく，民族もばらばらであった。しかし，にもかかわらず，かれらは自分たちを一度も「インドネシア人」だと考えたことはなかった。この国の住民を結びつけるアイデンティティといえば，唯一，ポルトガル統治によってもたらされたカトリックという宗教である。こ

表10 東ティモール年表

1701年	ポルトガル、ティモール全島を領有
1859年	リスボン条約で、ポルトガルとオランダのあいだでそれぞれ東西ティモールを分割
1942年	日本軍、ティモール全島を占領
1945年	第二次世界大戦終了後、ポルトガルによる東ティモールの支配が復活(西ティモールはインドネシアの一部として独立)
1974年	ポルトガル本国でクーデターが発生し、植民地の維持を強く主張した旧政権の崩壊にともない、東ティモールで独立の動きが強まる。
1975年	独立派(フレテリンなど)と反独立派の対立激化。フレテリンが東ティモールの独立を宣言した後、インドネシア軍が東ティモールに侵攻し制圧。
1976年	インドネシア政府、東ティモールを第27番目の州として併合を宣言
1991年	サンタクルス事件発生(インドネシア軍による独立派虐殺事件)
1992年	インドネシアがシャナナ・グスマン司令官を逮捕(99年に釈放)
1998年	スハルト・インドネシア大統領が退陣、ハビビ副大統領が大統領に就任。インドネシアは、東ティモールの独立容認へ方針転換。
1999年 6月	国連安保理は国連東ティモール・ミッション(UNAMET)設立
8月	独立についての直接投票実施。9月4日の結果発表直後から、独立反対派の破壊・暴力行為が急増し現地情勢は急激に悪化。
9月	国連安保理は多国籍軍(INTERFET)の設立を認める決議採択
10月	インドネシア国民協議会は東ティモールからの撤退を決定。国連安保理は国連東ティモール暫定行政機構(UNTAET)の設立を決定。
2000年 7月	東ティモール暫定政府(ETTA)発足
10月	国民評議会(National Council)発足
2001年 8月	憲法制定議会選挙実施
9月	東ティモール行政府(ETPA)発足
2002年 3月	憲法公布
4月	大統領選挙実施、シャナナ・グスマン氏が当選
5月	東ティモール民主共和国独立
	国連東ティモール支援団(UNMISET)設立(9月に国連加盟)
2004年12月	各県にてスコ(村)・アルディア(小村)選挙開始
2006年 4月	離脱兵による抗議活動に関連し暴力行為が発生し政府は軍を投入
5月	憲兵隊員が国軍から離脱、国軍本部などを襲撃。豪、ポルトガル、ニュージーランド、マレーシアは、東ティモール政府の要請を受け国際治安部隊を派遣。
6月	アルカティリ首相辞任
7月	ラモス・ホルタ外相が首相就任
8月	国連東ティモール統合ミッション(UNMIT)の設立

出典:外務省

の章ではこの南洋の小国が「東ティモール」という国家を創造していく過程で，住民が投票を通じて東ティモールというアイデンティティを「選択」した結果，何がもたらされたのか，どのようなコストを払わなければならなかったのか，克服すべき課題は何かを明らかにしていく。

国連による統治

その後，国連による直轄統治（1999〜2002年）を経て2002年に憲法制定（3月22日），直接選挙（4月24日）を経て，インドネシア時代に投獄をされながら独立闘争を行ってきたシャナナ・グスマン氏が大統領として当選した。東ティモールという独立国家が誕生した歴史的瞬間であった。だが同時に多くの問題を抱えながらの出発であった。

そもそもそれまでの，約3年間，国連による暫定統治が行われた背景には，治安状況が悪く併合派（ミリシア）の反乱を許せば，再び暴動が起こることが懸念されたことと，中核となる人材の多くがインドネシアから派遣された公務員であり，かれらの多くが暴動後，国外退去してしまったので，核となる人材が不足していたことである。治安と人材の問題は独立後もなお，未解決であり，この国の将来にとって大きな不安材料となっている。

国連はこれまでにも世界の紛争地域で，暫定的な行政機構を運営してきた。国連東ティモール暫定行政機構（UNTAET）の特徴としては，国連カンボジア暫定行政機構（UNTAC）と類似したPKOと民生部門の混合型ということである。ただし，UNTACの場合は，対立していた三派の統治機構の上にのり，これを国連が監督するという立場だったが，東ティモールの場合，国内の人材・行政機構がなかったために，国連が直轄統治した点が異なっている。

また，独立後のプレゼンスにおいても，東ティモールでは治安部門を中心に，東ティモールの治安維持，警察，司法機構設立支援のため，国連東ティモール支援団（UNMISET）が後継のPKOとして，引き続き活動を展開した。UNMISETの任務は，①東ティモールの政治的安定にとって重要な行政組織への支援，②暫定的な司法，治安維持の任および東ティモールの司法，警察機構設立支援，③国内，対外関係における安全保障などである。そしてこのUNMISETには，日本の自衛隊が，施設部隊として参加している。部隊の任

東ティモールで活動する PKO 部隊（2003 年，筆者撮影）

務は UNTAC の時と同様，道路や橋の補修，建設といった交通網の整備である。

　東ティモールにおける PKO 活動の特徴は，人道支援を目的とすることである。東ティモールでは，日本の NGO も含め，多くの NGO が現場で難民を含む東ティモール住民に，食糧，水，防水シートなどを配布し，医療活動などを国連機関と連携して行った。PKO 部隊（日本の自衛隊も含む）はユニセフ（UNICEF）や国連世界食糧計画（WFP）などの国連機関や国内外の NGO の活動とも連携しつつ，特に水，衛生，食糧，保健などの分野で，東ティモールの復興開発に積極的に取り組んだ。このようにさまざまなかたちで国連機関や NGO と連携した協力活動は，コソボをはじめ，その他の PKO の現場でも日常的に行われている。しかし，こうした人道活動に「武装」した兵士が従事しなければならないのか，問われなければならない。

　国連機関と NGO が連携して実施された事業のひとつが，2003 年 5 月から 2 年にわたって実施された，旧戦闘員を社会復帰させることを目的とした，RE-SPECT 事業がある。正式名称を，Recovery, Employment and Stability Program for Ex-Combatants and Communities in Timor-Leste（東ティモールの

Column 11　東ティモールに対する自衛隊派遣

2002年3月。小さなディリ空港の前には数十名の住民がプラカードを持って叫んでいた。「日本の自衛隊反対！」その日，日本からPKO支援部隊が到着したのである。日本での報道は比較的小さな扱いであったが，この出来事は東ティモール国内ではトップ・ニュースであった。かつてこの国はオーストラリア軍と対峙する日本軍が基地として占領したことがあったが，日本の「軍隊」が60年ぶりに上陸したのである。しかしプラカードを持っている住民に話を聞いてみると，日本占領時代を経験した人はほとんどいなかった。どうやら日本の一部団体が裏で操っているようであった。

その後，このPKO部隊は道路補修などを手がけるようになった。自衛隊が補修する道路は，日本のODAが行う道路工事よりもはるかに小規模で，日常的なものであった。地域住民が日常的に使用する道路を補修してくれる自衛隊員は感謝されていた。ただし，ODAと自衛隊はあまり連携がとれていない印象であった。

2003年，日本からの10数名の学生とともに，再び東ティモールを訪問し，PKOキャンプを訪れた。キャンプ内には食堂，病院などが整備されており，まるで別世界であった。病院は地域にも開放しているという。学生たちは同年代の自衛隊員と議論し，日本の平和貢献について話し合った。はじめはぎこちない様子であったが次第に打ち解け，ざっくばらんに話し合った。制服を脱げば自衛隊員も同じ若者である，という実感を得て，学生たちは日本のPKOについてより深く身近な問題として考えるようになった。

旧戦闘員とコミュニティのための復興，雇用，安定のためのプログラム）といい，その頭文字をとったものであるが，元兵士，地域住民，若年失業者，寡婦などの社会的弱者と呼ばれる人たちに，雇用機会や職業訓練を提供し，文字通り「尊厳」（リスペクト）を回復してもらおうというメッセージがこめられている。

事業の具体的な内容は，政府省庁や国際NGOが企画立案した「中規模事業」約20件と，地域住民が企画立案する「小規模事業」約200件を実施し，実施に必要な職業訓練を提供するというワークフェアの方法である。これを東ティモール全域（13県）に実施するというものである（山田 2006）。

住民参加型の雇用を通じた貧困対策は，インドネシア時代にもいくつか実施されてきた。スハルト時代のIDT事業もそのひとつである。第3章で紹介し

たアフガニスタンの NSP（国民連帯プログラム）も同じアプローチである。問題は，住民の発案として出てきた事業が実は地元有力者の強い押しで出てきたものであったり，資金の使途が不明で貧困者に役に立っているのか，本当のところが確認しにくい点である。その点，RESPECT はボトムアップ型の雇用対策事業としては一定の役割を果たしたものとして評価されている。

JICA を中心とした日本の支援

　日本が東ティモールに支援を展開したのはほかのドナーと比較しても，早い段階であった。1999 年 9 月にディリ暴動が発生し，多国籍軍が投入され，治安が回復した直後には，世銀が実施した合同審査ミッション（JAM）に参加し，また，12 月には JICA 出身の日本人が UNTAET 人道支援担当副代表に就任し，本格的に支援開始している。年明けの 2000 年 1 月には，外務省と JICA 本部がプロジェクト形成ミッションを現地派遣し，開発調査や開発福祉支援の案件発掘を行った。その際，現地に派遣された日本人職員は現地拠点設置などのために，ディリ港に停泊していた仮事務所として使用していた客船に寝泊りしながら，孤軍奮闘した。

　政府レベルにおいても，日本は対東ティモール支援において国際社会で存在感を示した。1999 年 12 月に東京で東ティモール支援国会合を主催し，二国間支援では最大規模の 1.3 億ドルの支援を表明した。その後，技術協力・無償資金協力を中心とする支援が本格的に開始されたのである。その後，リスボン（2000 年 6 月），ブリュッセル（2000 年 12 月），キャンベラ（2001 年 6 月），オスロ（2001 年 12 月），に支援国会合が開催され，PRSP や国家開発計画を中心とした開発計画の枠組みが決定した。

　しかし，独立後の国家運営は多難をきわめた。まず，東ティモールには行政官としての経験を持つ人材が不足しており，結果として，先進国から派遣される外国人「顧問」が行政を事実上仕切っていたのである。たとえば，独立当初，国家予算を管理する財務計画省の中枢には，11 人の外国人顧問が 12 名の東ティモール人の幹部とともに業務を行っていたということである。当時，全省庁あわせて 300 名余りの外国人顧問が雇われていた。こうした現象は，やはり政府基盤が弱いアフガニスタンやアフリカの一部諸国でも見受けられることであ

る。やがて，先進技術や行政手法を欧米や日本に学んだ留学生や，インドネシア統治時代に外国に亡命していた知識層が帰国して要職を占めるようになると，「お抱え外国人」の数は徐々に少なくなっていった。しかし，東ティモール人自身による国家運営が軌道に乗るまでの道のりは長い。

　日本政府を通じた支援の制約は，「政府」を相手にしなければならないことである。その点，アメリカなどほかのドナーは，政府が脆弱な場合には臨機応変に対応でき，場合によっては政府以外の組織を通じて，援助を行うことが可能であった。他ドナーのやり方は確かに資金の使途も明確に把握でき，資金の使途も効率的に運用されるため，プロジェクトの観点からは望ましい。他方，日本は脆弱な「政府・制度」を相手にしなければならないという制度上の制約はあるものの，長期的にみればこうした愚直な方法が制度構築にとっては最善の方法なのかも知れない。

　日本政府のもうひとつの制約は，国内の援助行政が一元化されておらず，世銀などの国際金融系は財務省，UNHCR，UNDPなどの国連系は外務省の領域として縦割りで行われてきたことである。アフガニスタンの場合もそうだが，紛争後には信託基金（トラスト・ファンド）が設立され，世銀などの国際金融機関が資金管理する仕組みができる場合が多いが，日本政府（外務省）はこうした財務省系の支援ツールには手を出したがらない傾向にある。つまり，財務省管轄の世銀系ファンドに口を出すことに組織的な抵抗があるということである。しかし，トラスト・ファンドは復興支援の初期の段階において，大きな役割を果たし，ドナー間の会合でも中心的な議題となる。東ティモールの場合も，トラスト・ファンドはUNICEFとならんで保健と教育分野においてもっとも重要な資金源となったが，こうした省益対立がネックとなって，東ティモールのトラスト・ファンドの運営・使途について日本として影響力を発揮することができなかった。

　また，国際機関との連携は重要な点であるが，連携の方法やタイミングを見きわめることが重要である。国連系機関には特有の問題がある。国連組織では緊急フェーズと開発フェーズには明確なマンデート上の区別があり，縦割りであった。本来国際機関の縦割りの問題を克服するため，日本の援助機関としては開発に知見・経験があるので，そこに軸足を置きつつ，緊急フェーズとのギ

ャップを埋める努力をすべきであった。

　さらに，自衛隊との関係も配慮が必要である。自衛隊はPKO活動の一環として，小規模のインフラ整備を含め，かなりNGOに近い業務を行っていた。しかしもともと，援助の専門家集団ではないため，援助の基本的なノウハウを持っていなかった。たとえば，かれらが撤退する際に，自衛隊が使用した道路補修用資機材などを現地に置いておいて欲しいという要望が東ティモール側からなされたが，現地の関係者によれば，残していった資機材の説明マニュアルが日本語で書かれていたために使いにくいという声はあったという。

暴動再発

　東ティモールは2002年の独立後，治安も比較的安定していた。日本の平和構築支援のモデルとさえいわれていた。しかしそれは表面的な安定にすぎなかったことが判明した。2006年5月，首都ディリで再び大規模な暴動が発生したのである。これは後に軍部の若手将校らによる待遇改善を目指したものであることが判明したが，警察は全く機能しなかった。結局，国が安定するために

Column 12　2006年5月ディリ暴動再発

　その日，JICAディリ事務所は騒然としていた。2006年4月末に発生した最初のデモ以降，まがりなりにも市民生活が回復しつつあるかにみえたが，5月23日午後に状況が悪化し，日本人援助関係者全員が退避することとなった。直後，25日に市街戦が勃発したのである。23日以降，職員は全員自宅待機させていたが，25日には日本から全員退避の指示が来た。

　同じく25日には国際セキュリティ会社のS社から見積もりのため，スタッフが現地に到着。翌26日にはチャーター便により第1陣が避難した。地方のNGO関係者は28日までにS社のアレンジにより，陸路タクシーで首都に戻り，29日にメルパチ航空にて出国した。タクシーを使用したのは目立たないようにするためであり，運転手も怪しまれないため，地方の言語が話せる人を探した。

　荷物についてはS社の指示でバックパック1個。念のため，ジャカルタまでの水・食料を用意する。事務所の警備員，現地職員には給与数カ月分を前払いしておいた。銀行も閉まり，外出もできない状況なので，ある程度の現金を用意していたのが正解だった。

は再び多国籍軍の投入を待たなければならなかったのである。

　まさに，東ティモールという新興国家の脆弱性を示す事件であった。暴動再発後，国連の治安部隊の投入が決定され，この国の治安は外国勢力により守られるという構図はその後も続いた。脆弱性の根本には経済要因などのいくつかの構造的な要因も考えられるが，まずは国民国家としての連帯感・一体感が欠如しているということである。インドネシアからの支配に対する抵抗として独立した国家ではあるが，もともと言語・民族的にも多様であり，インドネシアという共通の敵を失った現在は東ティモールというアイデンティティが形成されにくい状況である。

　つぎに，この国のアイデンティティ形成が直面する問題について検討したい。

言語政策を通じた国民意識の情勢

　インドネシア政治研究者のベネディクト・アンダーソンはその著書『想像の共同体』(Anderson 1983) で「国民とはイメージとして心に描かれた想像の政治共同体である——そしてそれは，本来的に限定され，かつ主権的なもの〔最高の意思決定主体〕として想像される」と定義している。

　東ティモールの場合，長年にわたる独立闘争を通じて希求され，まさに想像（創造）された国であった。しかし，独立を勝ち取るまで反インドネシアの感情で高まってきた国民意識が，独立後，高まりをみせず，暴動再発に象徴されるようにむしろ分裂の危機に直面している。これにはさまざまな理由があろうが，そのひとつがアイデンティティを共有するための「共通言語の欠如」であろう。まさに，言語は「想像の共同体を生み出し，かくして特定の連帯を構築するという能力」（アンダーソン）を有するものである。それが，ガーナの英語であっても，モザンビークのポルトガル語であっても，インドネシアのインドネシア語であっても基本的には同じである。

　その意味では，300 以上の異なる民族から成るインドネシアという国自体，アンダーソンの言う「国民というもの」(nationness) がほかの単一国家よりかなり緩やかであって，インドネシア語というマレー語系の人工語を共有する，まさに「想像の共同体」である点に注目すべきであろう。しかし，武力で強引に東ティモールを組み込んだ 24 年間のインドネシア化政策は，それ以外の地

域と比べてもかなり無理があった。また、オランダの植民地時代から隆盛してきた「インドネシア・ナショナリズム」とは本質的に異質の存在であった。しかし、奇跡の成長を遂げていたスハルトにとって、東ティモールのような小さな島の「少数民族問題」はアメ（公共投資）とムチ（武力）の使い分けで解決可能であると踏んでいたのであろう。その前提が1999年の住民投票でまっこうから否定された。東ティモールの住民は「インドネシア人」になりきれていなかったのである。

　では、独立後の住民は「東ティモール人」というアイデンティティをどの程度共有しているのだろうか。また、その意識の濃淡がこの国の将来にとってどのような影響を及ぼしてくるのだろうか。東ティモール憲法によれば、テトゥン語とポルトガル語を公用語とし、インドネシア語と英語を公用語と併用する実用語と規定されている。国民の大多数が理解できないポルトガル語が公用語となった背景は、現政府指導者がインドネシア支配時代にポルトガル語圏に亡命し、あるいはグスマン大統領のようにポルトガル語の媒体を通じて国際社会に支援を訴えていたことが背景にある。24年間のインドネシア支配を否定するためには、その象徴的なインドネシア語教育を否定することが必要であった。

　ここで、東ティモールの言語分布を見てみよう。ティモール島は、もともと山岳地帯が多いという特性のため各共同体の相互交流が少なく、多数の言語が混在し、現在約20の言語が確認されている（表11）。

　アジア財団が行った有権者意識調査によると、人々がもっとも話せると答えている言語はまずテトゥン語（Terun）、ついでインドネシア語、地域言語のマンバエ語（Mambae）、ポルトガル語という順になる。読めると答えた言語もテトゥン語、インドネシア語、ポルトガル語の上下は変わりがない。地域言語は言語間の差はあるが割合は非常に少なく、多くが10％を下回っている（表12）。

　テトゥン語の割合が大きいのは、独立運動のなかで東ティモールのナショナリズムを形成する手段としてテトゥン語が使用され、普及したからである。テトゥン語は約半数の人によって母語と答えられており、東ティモールではテトゥン語がもっとも広範囲の人々に根づいている言語だということがわかる。

　16世紀から約300年にわたってティモールを支配したポルトガルの言語で

表11　ティモール島の言語体系

言語名	系統分類	使用地域	話者数(推定)	調査年
ADABE	オーストロネシア系	アタウロ島，ディリ北部，島北部	1000	1981
ATONI	オーストロネシア系	アンベヌ，島西部	14000	1989
BUNAK	パプア系	東西ティモールにかかる	50000	1977
FATALUKU	パプア系	ロスパロス周辺の西部	30000	1989
GALOLI	オーストロネシア系	北岸(マンバエ～マカサエ)	50000	1981
HABU	オーストロネシア系	島西部，北西	1000	1981
IDATE	オーストロネシア系	島中央東部，山岳地帯	5000	1981
KAIRUI-MIDIKI	オーストロネシア系	島中央東部，山岳地帯	2000	1981
KEWAK	オーストロネシア系	東西ティモールにかかる	50000	1981
LAKALEI	オーストロネシア系	島中央部，北サメ，アイナロ北西部	5000	1981
MAKASAE	パプア系	バウカウ周辺の東部，内陸部	70000	1989
MAKU'A	パプア系	島北東部	50	1981
MAMBAE	オーストロネシア系	東西ティモールにかかる	80000	1981
NAUETE	オーストロネシア系	北岸，東部	1000	1981
TETUM PRASA	テトゥンベースのクレオール	ディリ周辺	50000	1995
TUKUDEDE	オーストロネシア系	北岸，マウバラ～リキサ	50000	1981
WAIMA'A	オーストロネシア系	北東岸	3000	1981
TETUN	オーストロネシア系	東西ティモール西部	…	…
PORTUGUESE	インド・ヨーロッパ系	…	…	…
PIDGIN, TIMOR	ポルトガルベースのクレオール	絶滅	…	…

出典：Ethnologue report for Timor Lorosae

あるポルトガル語の割合は，「話せる」という回答が17％，「読める」が14％である。一方で，1975年から東ティモールを支配したインドネシアの言語であるインドネシア語に関しては，「話せる」が63％，「読める」が54％であり，同じ旧宗主国であってもポルトガル語を大きく上回っている。これは，明らかにインドネシア化教育の影響である。

　世代による言語の違いについては，アジア財団の調査によると25歳以下の若年層はテトゥン語，インドネシア語がよりできるが，年配者になると比較的

表 12　使用言語の割合

言語名	母語	話せる	読める	選挙情報が欲しい
Tetum	43%	91%	58%	80%
Indonesian	…	63%	54%	3%
Portuguese	…	17%	14%	…
Mambae	7%	24%	6%	1%
Makasa'e	12%	14%	2%	5%
Bunak	5%	9%	3%	1%
Galolen	7%	9%	1%	…
Baikeno	6%	6%	1%	4%
Fata luko	4%	5%	3%	3%
Tokodede	5%	5%	…	0%
Tetum terik	3%	5%	…	0%
Kairui	4%	4%	1%	1%
Kemak	2%	3%	1%	1%
Nau-eti	2%	2%	…	…

出典：アジア財団

　ポルトガル語ができるという傾向がある（表 13）。また男女別では男性の 21%がポルトガル語を話し，19% が読めると回答したのに対して，女性は 12% しか話せず，8% しか読めない。

　公教育を受けていない人たちはテトゥン語と地域言語に依存する割合が高い。かれらのうち 82% がテトゥン語，90% が地域の言語を話し，6% だけがポルトガル語，32% がインドネシア語を話す。東ティモールの非識字率は，地域による差はあるが，全国平均で男性が 31%，女性が 41% である。

　しかし，インドネシア語で教育を受けてきた若い世代は現実的な問題に直面している。最大の問題は雇用である。現在，東ティモールで数少ない就職先である政府関係機関への就職条件ではポルトガル語能力が課せられており，また，政府に出入りする民間業者・NGO にもポルトガル語能力を求めている。

　2003 年末に筆者は東ティモール国立大学を訪問する機会があったが，その際も学生たちはインドネシア語の授業を受けていた。日常会話はテトゥン語であるが，テトゥン語は「話し言葉」であり，「書き言葉」としての文法は整備されていないということであった。しかし，ポルトガル語は十分に習得していないため，引きつづきインドネシア語を使用しているというのである。また，

表13　世代による言語差

25歳以下	テトゥン語	96%
	インドネシア語	83%
	ポルトガル語	11%
35～50歳	ポルトガル語	27%
50歳以上	インドネシア語	27%
55歳以上	テトゥン語	77%

出典：アジア財団

　国会の審議を傍聴する機会を得たが，ほとんどの議員はイヤホンを通じて，英語，ポルトガル語，インドネシア語，あるいはテトゥン語の同時通訳を介して議論を行っており，さながら国連総会のようであった。言語問題は東ティモールの国民国家形成にとって大きな障害になっているとの実感を得た。

　こうしたなかで，2008年までに全国の初等・中等教育においてポルトガル語で授業を行うことが決定された。しかし，教員の多くはインドネシア語しか話すことができないため，多くの学校で従来どおり，テトゥン語とインドネシア語を併用しているのが実態である。国家統合の理想論としてはひとつの言語で教育を行うことであろうが，この理想論を無理に推し進めようとすれば，就学率や識字率のさらなる悪化を招きかねない。また，エリート層の一部にはポルトガル語よりも国際舞台で汎用性の高い英語を習得しようとする動きが根強い。

言語と経済発展

　社会言語学という学問がある。言語・コミュニケーションを話者の生活する地域，階級，性別，などさまざまな社会的要因との相関によって，言語の多様性をみようとする社会科学である。近年はそのようなマクロ的な社会的属性との関わりだけでなく，会話などのコミュニケーションを社会的な営みととらえ，そこにみられるやりとりを分析の対象とするミクロ的なアプローチもある。

　社会言語学者のフロリアン・クルマスは言語の経済的側面に注目し，多言語状況が経済発展にとって不利益をもたらすのは，「共通語」が存在していないからであると述べている（クルマス 1993）。共通語は経済発展のなかで，地方

市場間の散在的な関係をまとめて大きな国内市場を形成する際の支えとなり，関係者を相互に結合してひとつの市場を形成させるという役割を果たす。また，より大きな集団の知識が集められ，交換され，広い階層の人々にとって接近しやすくするという利点もある。そしてそれは長期的には，労働市場における使用可能な人的資源の質的向上とその動員の可能性を増大させることを意味する。

　逆に，共通語の不在はその国の経済にさまざまなコストを負わせることもある。このコストには，貨幣価値に置き換えることのできるものとできないものがある。クルマスは，国家が払うコスト（国会，会議での通訳コスト，公文書の翻訳コスト，公務員の言語教育，言語政策の仕事を行うための部署の設立，複数言語教育のための教育機関，設備の設立と運営，複数言語教育のための教材，教師の給料，言語計画・言語の開発）と民間が払うコスト（マーケティング，広報宣伝，顧客サービスへの支障，企業内のコミュニケーション，通訳コスト，新製品の開発，社員の言語教育，翻訳コスト）に分類している。

　経済成長と言語に本質的な因果関係があるかは議論の余地があるものの，言語数が多様になればなるほどこうしたコストは増していくわけだから，コストを減らすためには言語は少ないほうが合理性にかなう。そこで共通言語を「選択」していく必要があるが，何語を選択するかによって得られる利益が異なってくる。

　ここで，東ティモールの公用語と汎用語の便益とコストについて考えたい。まず，もっとも経済的利益が高いのは英語である。そのつぎに利益が高い言語はインドネシア語ではないかと思う。他方，コストの面ではポルトガル語よりインドネシア語の方が低い。総合的にみれば英語，インドネシア語，ポルトガル語の順に経済効率性が高くなるであろう。

　社会的側面を考慮すれば，テトゥン語は文法の不整備などの問題はあるが，国民にもっともなじんでいる言語であり東ティモールの「国民性」をいちばん表している言語であろう。

　他方，ポルトガル語は，300年もの間支配した言語なので，現在の東ティモール文化の基盤を形成した要素のひとつであることは確かである。特に現在の指導者層を形成するポルトガル語世代の人達にとっては東ティモールとポルトガルの結びつきは強い。しかし，インドネシア語世代にとってはポルトガルは

遠い存在である。その逆にインドネシア語は，インドネシア語世代にとってはなじみ深い言葉だろうが，ポルトガル語世代にとっては侵略者の言葉かもしれない。しかし，インドネシアによる併合の恐怖はまだ人々の心に根強く残っている。こうした反インドネシア感情を考えると，インドネシア語をあまり表立って話すことはよしとしない風潮がある。相反する国民感情と経済利益を両立させなければならない。

また，英語はそもそもこれまでの東ティモールの歴史に接点のない言語であったが，帰国した亡命者や国際機関・NGOでは英語が公用語となっている。英語を習得している社会階層は一部の恵まれた人たちである。経済的メリットは高いが，東ティモールの国民性という観点からはもっとも心理的な距離の遠い言語ということができるだろう。

東ティモールの将来展望

東ティモールはアフガニスタンとはまた異なる次元での脆弱性を抱えている。インドネシアから分離独立を果たしたものの，将来にわたって経済的にはインドネシアに依存せざるをえない。治安面では当面外国の力に頼らざるをえない。言語問題ひとつをとっても，国民性が確立されていない。何らかのショックで，もろくも崩れてしまうような国家である。自らのアイデンティティを確立していくなかで，何重もの矛盾を抱えているこの国の将来像がどうなっていくのか，慎重に見守っていく必要がある。

平和構築の移行モデルとしては，東ティモールでは，紛争が終結した時点でミリシア（併合派）が国境の外（西ティモール）に逃亡していたため，国際社会による支援がはじまった時点では，紛争要因は除去されていたという特徴がある。このため，スリランカのように民族対立や宗教対立が存在する地域での活動と異なり，事業実施において深刻な問題が起こることがなかった。

独立以降，治安は比較的安定し，2004年頃からJICAからも日本人専門家が派遣できるようになり，日本の援助の焦点も，緊急性から自立発展性に重点が移りつつあった。10年後位には円借款で支援可能ではないかというような将来ビジョンもあった。また，賛否両論はあったが，PKO活動に従事していた日本の自衛隊は現地では高い評価を得ていた。

しかし，2006年に暴動の再発という事態を招くことなり，当初の予測を裏切る結果となった。今後はこれらの経験を踏まえ，潜在的な紛争要因を分析したうえで，移行プロセスの支援を行っていかなければならない。

治安面での情報収集などのために北欧諸国などでは**民軍協力**（CIMIC：Civil Military Cooperation）が一般的に行われているが，将来日本においても導入されれば，治安の問題への心配を軽減しつつ，平和構築支援に従事することができるようになるかも知れない。そのためには，日本国内の援助行政の縦割り体質を改善し，PKOとODAの連携を強化することが必要である。

3
アチェ

津波被害支援と平和構築

インドネシア各地には，中央政府からの分離独立を要求するさまざまな運動が存在する。スマトラ島に位置するアチェ特別州もそのひとつである。アチェでは1949年のインドネシア併合時から抵抗運動が行われた。その後，アチェを特別州として認め，自治を拡大させたが，1970年代以降も**自由アチェ運動**（GAM：Gerakan Aceh Merdeka）を中心とする独立運動は続いた。アチェには石油・天然ガスが豊富に埋蔵されており，その収入が中央政府に吸い上げられ，地元に還元されないことに根強い不満を抱えていた。スハルト政権崩壊後の2002年には，アチェ特別州を「ナングロ・アチェ・ダルサラーム」州と改称し，アチェの特別な地位を認めて自由アチェ運動と和平協定を成立させたが，2003年に協定は破れ，戒厳令を布告したインドネシア国軍との本格的戦闘に発展した。

戦闘が続くなか，2004年末に津波大被害が発生し，20万人とも言われる犠牲者・行方不明者を出した。また50万人が家を失った。この被害をきっかけにフィンランドで和平交渉を開始し，自由アチェ運動（GAM）が独立要求を取り下げ，武装解除にも応じ，インドネシア政府は軍の撤退とアチェ特別州での地方政党樹立を認め，和平協定合意が実現した。その後，2005年8月15日，フィンランドのヘルシンキにおいて自由アチェ運動とインドネシア政府とのあ

いだで和平協定に調印したのである。2007年現在，武力紛争は収まっているものの，一部では，GAMへの支持者が不満を抱えているとされる。2006年7月にインドネシア国会が採択したアチェ自治政府法への強い不満があり，首都バンダアチェのモスク前で約1万人が参加して抗議集会とデモが行われた。今後も予断を許さない状況にある。

　2004年末以来の，アチェに対する支援は「災害支援」という側面と「平和構築」という側面が混在しており，特殊な例である。日本の対応であるが，津波発生以前から，現地大学の協力を得て紛争分析を実施した結果，アチェは最重点地域と認定されていた。

　インドネシア政府（バペナス）としては「アチェ人のアチェ人によるアチェ人のための復興」を重視するという方針をとっていた。日本や中央政府主導の支援のやり方は避けるべきとの意向があったので，コミュニティ支援を中心とする**コミュニティ・エンパワーメント事業**（CEP：Community Empowerment Program）を実施することになった。政治的配慮の必要性もあり，日本の援助関係者はあまり目立たぬよう，表立った活動はひかえた。被災直後の現地では被災者感情への配慮が必要である。震災で感情が高ぶっている時期に悠長に「調査」をしたいといっても受け入れられない雰囲気があった。

支援のタイミングと内容

　日本からプロジェクト形成チームが到着したのが津波発生から約1カ月が経過した2005年1月23日であった。調査団の任務は被災地域の現況調査，現地における国際機関や他ドナーの支援動向・計画の確認，JICAとしての支援計画・具体的協力案の策定であった。

　日本での具体的な支援を検討する段階で，手続き上の問題が発生した。やや細かい話になるが，人道支援から復旧・復興への移行時期には住宅支援への要望が高いが，住宅は個人への個別の支援とみなされたことである。国際機関でもテントは支援できても個人用の住居は人道支援の枠外ということで支援できず，日本もできないとなると，援助の空白，ギャップが生まれてしまう懸念がある。

　日本としてはアチェについては，津波発生以前から平和構築の支援構想があ

Column 13　国際緊急支援部隊（JDR）とJICAの連携

　国際緊急支援部隊（JDR）は，組織的にはJICA内に設置され，地震などの災害が発生後できるだけ早期に現地にかけつけ，緊急援助を行う支援部隊である。アチェの津波（2004年12月26日）支援のときは，2005年1月1日にはすでに現地入りしていた。JICAジャカルタ事務所では，JDR入りに先立ち，大使館と一緒に2004年12月29日に現地入りし，受け入れ体制を整えた。具体的な業務としては，情報収集のほか，飛行機借り上げ，食糧・調理用具などの調達，車輛・通訳の調達，宿泊所の手配などであり，また，JDRの安全確保のために，インドネシア海軍にエスコートを依頼した。

　JDRは法律的にいえばJICA法とは別のJDR法による業務である。先方政府からの要請は原則として必要だが，緊急性が高い場合には要請がなくとも派遣することも可能である。先方政府からの要請ではなく，国連からの要請を受けて外交関係がない国への派遣も可能である。また，ハリケーンの被害を受けたアメリカなど，途上国以外にも派遣される。

　緊急性を重視するため，派遣決定がなされてから医療チームは要請後48時間以内，救助チームは24時間以内に現地入りするようにしている。

ったため，案件形成は効率的に行われた。当初の対アチェ支援分野は社会サービス改善，コミュニティ再建，経済活動推進，ガバナンス，津波への直接的対応として都市復興計画支援であった。その後支援範囲を広げ，都市復興計画策定，尿処理施設修復，コミュニティ復興事業のほか，紛争による社会的・心理的影響にも配慮し，津波発生地域でありかつ紛争地域に住む子供・女性のトラウマ支援なども実施した。

　2005年のアチェ和平合意締結後は協力の枠組みを見直し，津波・紛争被害者と元兵士の自立支援とコミュニティ・地域の自立支援の2本柱とこれを支えるガバナンスを中心に支援している。和平促進支援の一環として，速効性のある灌漑水路の修復や社会の再統合に向けた経済復興計画策定などを現地大学・NGO主導で実施した。これらを反政府組織（GAM）も巻き込んだかたちで実施した。灌漑水路修復の実施にあたっては，警察・国軍・地方政府（郡）が協定を結び，プロジェクトの事業評価を実施し，GAMの元司令官も評価に参加した。このように，県レベルの政府関係者，郡長などはGAM関係者に配慮

し，住民の一員として迎え，何か役割を与えようという雰囲気づくりを行った。ちなみに，GAMの軍事部門は解体しているが，今後文民部門は地方政党に移行することとなっている。

アチェ支援の教訓

アチェと同時期に津波被害を受けたインド洋の対岸，スリランカについてはどうだったのだろうか。スリランカも武装化したタミル人（LTTE：Liberation Tigers of Tamil Eelam，タミール・イスラム解放の虎）との紛争を抱えた国である。スリランカに対しては，無償や技術支援のほかに，有償の円借款も大きな役割を果たしている。2002年2月のスリランカ中央政府とLTTEとの間の停戦合意以降，JBICはスリランカにおける平和の定着を支援するため，LTTEの支配地域である北東部を含め，より地域的な勢力分布に配慮した案件形成を行なってきた。重点的な事業分野としては，①地域社会のインフラとコミュニティの再建，②小規模事業者・零細企業の育成，③国を統合するインフラネットワーク整備，などである。また，そうした事業の形成・実施にあたって，①援助が紛争を助長することのないよう地域・民族バランスへの配慮，②「平和の配当」を人々に実感させ和平プロセスに良い影響を与えるための迅速な実施，③地方政府や住民組織の能力開発を重視した参加型支援を重視したアプローチをとってきた。

円借款による平和構築事業の特徴としては，新たに支援をはじめたLTTE支配地域での支援は，中央政府の出先機関とLTTEのネットワークを通じて，比較的効率的に実施・運営されてきたことである。スリランカはたしかに長年内戦の続いてきた国であるが，それはかならずしも行政組織の崩壊を意味するわけではなく，現にLTTE支配地域においても独自の行政ネットワークが機能してきたことはあまり知られていない。その意味で，スリランカは特異なケースといえよう。また，治安状況も，比較的安定しており，現地に入れないという状況ではなく，この点でも復興支援がこれまで比較的スムーズに進んできている背景であるともいえる。

ただし，LTTEの了解を得ながら援助プロジェクトを実施しているとはいえ，原則として中央政府が支援の窓口であることから，中央政府とLTTEと

の関係が安定していることが支援の前提条件となっている。したがって，和平プロセスが崩れた場合や，現地で武力衝突などが発生した場合に，LTTE支配地域で事業が継続できるかどうかについては未知数である。

　以上のことから，アチェとスリランカに共通する問題としては，支援の**カウンターパート**（counterpart，受け皿機関）をどのように認定するかということである。こうした問題は，中央政府からの分離独立を要求する少数民族の問題を抱える他国においても同様である。たとえば，フィリピンのミンダナオや，ロシアのチェチェンのような地域である。政府「間」援助を旨とする日本のODAの仕組みでは，中央政府の頭越しに少数民族を支援することはできない。正当性の有無はともかく，つねに現政権を支援というかたちでしか援助ができない仕組みである。しかし，その結果少数民族が抑圧されてしまう結果にもなりかねない。そこが難しい点である。

第4章の要点　*Key Point*

① インドネシアのスハルト政権は典型的な「開発独裁」政策を推し進めたが，それは日本を中心とする西側諸国のODAとFDIによって支えられていた。

② スハルト政権崩壊後のインドネシアは，国家分裂の危機のなかにあって，権力の分散を通じて，緩やかな国家統一を図ろうとしたものの，思惑通りに進まず，1999年には東ティモールの離脱を許す結果となった。

③ インドネシアから独立した東ティモールは，言語問題に象徴されるような重層的なアイデンティティのなかで社会的統合を図っていかなければならず，2006年の暴動の再発にみられるようにその体制は脆弱である。

④ 少数派による分離独立運動を抱える国への平和構築のための日本のODA支援は，中央政府を通じてしか行うことができないという制約を抱えている。支援の結果，正当性に疑問のある中央政府をますます強固にすることにつながりかねない。

第5章
開発援助の新戦略論

日本のODAによる大型火力発電所建設現場を訪れた陸上自衛隊イラク派遣部隊（2006年3月，サマーワ，写真提供：時事）

1	日本の平和構築支援の特徴	157
2	移行期支援の視点	165
3	新たな支援のありかた	170

本章で学ぶこと

　筆者の勤務する大学には産業界や官界との連携を推進するための,「プロジェクト研究所」という制度がある。企業や官庁からの委託研究プロジェクトを通じて,大学の研究成果を世のなかに還元しようという制度で,要するに,学内シンクタンクだ。筆者もこの研究所の研究員を兼務している。

　それには訳がある。日本の援助機関では,大学教員の身分ではコンサルタント業務ができない仕組みになっているからである。筆者は世銀職員時代に,ハーバード大学の著名な教授に調査団のコンサルタントとして参加してもらったことがあるが,こうした慣習は日本にはない。

　これまで日本の援助は,インフラ中心の,土木事業中心であったため,開発援助業界も,土木系コンサルタントの独壇場だった。かれらは,援助機関の文字通り「手足」となって日本の援助行政の土建文化を支えてきた。しかし,平和構築の分野は,従来の土木建設型の政府間援助では対応できない,高度の専門性に基づいた柔軟な対応が求められる。そのためには,コンサルタント,NGO,大学協力体制が重要になってくる。

　この章では,日本が平和構築の分野でとるべき開発援助戦略を提言する。第1節では,日本の平和構築支援の特徴をその理念と実際のギャップに注目しながら概観する。第2節では,平和構築支援を考える新たな視点として注目される「移行期」の視点について述べ,第3節で日本が平和構築の分野でなすべき貢献を行うための制度や意識の改革を提言する。

1
日本の平和構築支援の特徴

人間の安全保障論の理想と現実

　日本の平和構築支援政策が，人間の安全保障論を理論的な支柱として供与されていることはすでに繰り返し述べてきた。この章では，こうした理想が現実の援助の世界では実現されてきたか見ていくことにしよう。

　結論からいえば，戦争終結後のイラクやアフガニスタンの状況をみる限り，人間の安全保障論的なアプローチが具体的な成果に結びついているとは言いがたい状況である。そう言うと日本は技術協力や無償協力において，こうしたアプローチに基づく支援を実施してきたという関係者からの反論は当然あろう。しかし，アフガニスタンにしても，イラクにしても，治安が回復しないため，当初想定していた復興事業が，全国展開できずに規模を縮小したり，現地のコンサルタントにまかせ，遠隔操作によって実施せざるをえない状況となっている。したがって，援助効果が確認できない。

　治安がネックとなってアメリカを中心とする軍事力が，旧来の意味での安全保障――個人ではなく，国を中心とする安全保障論――を担う役割を果たさざるをえなくなっている。地方において人道援助を行う主体も外国軍主導になっている。しかし，こうした援助のやり方は本来人間の安全保障が目指すものではなかったはずである。何がいけなかったのだろうか。

データにみる日本の平和構築支援の特徴

　冷戦終結後，勃発した100件以上の内戦のうち半数以上がアフリカ大陸において発生しているが，金額的には，日本の平和構築支援はむしろアフリカ以外に向けられてきた。たとえば，2004年現在，ポスト・コンフリクト国への支援は，東ティモール，スリランカ，パキスタン，アフガニスタン，イラク，スーダン，アンゴラ，エリトリア，コンゴ（ブラザビル），コンゴ（キンシャサ），シエラレオネ，チャド，*中央アフリカ*，パプアニューギニア，セルビア，モンテネグロの16カ国（うちアフリカはイタリック体の8カ国）に行っ

図 14　日本のポスト・コンフリクト国支援

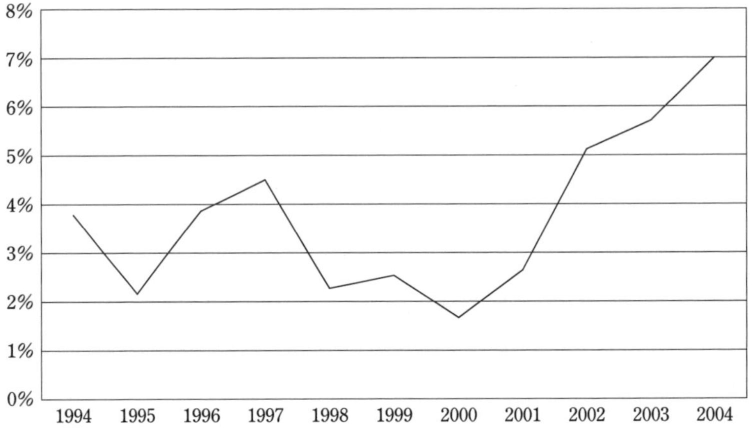

出典：外務省 ODA 白書（各年）

ている。そのうち，アフリカへの援助合計額（90.68億円）はアフガニスタン，スリランカ，イラクへの1国の援助金額よりも下回っている。アフリカのように HDI の低い地域への投入量が圧倒的に少ないのは人間の安全保障を平和構築の中心軸に掲げる日本としてはやや説得力に欠ける。

　もちろん，援助効果は金額の多寡だけでは計れない部分がある。肝心なのは，ODA 資金が有効に使われ，平和構築に貢献してきたのだろうかという「量から質」への転換の問題である。特に，新 ODA 大綱が策定された2003年前後に平和構築への支援が拡大し，どのような成果をあげてきたのかを検証する必要がある。

　この問題を探るため，外務省が発行する ODA 白書のデータをもとに，日本政府による，紛争経験地域への ODA 供与を調べた。その結果，紛争終結後5年以内の国に対して ODA（無償資金協力，技術協力，円借款を含む）をどの位の割合で供与しているかに注目し，これを「ポスト・コンフリクト国支援」と定義すると，その傾向は，1990年代以降，2001年まで全体の2～4％で推移していたが，2002年以降，5％台を超過して以降微増している。これは2001年

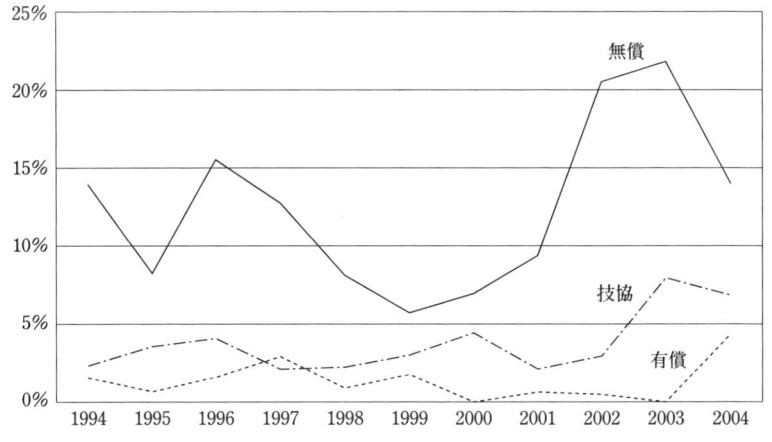

図15　援助形態別ポスト・コンフリクト国支援

出典：外務省ODA白書（各年）

に発生した9.11事件，その後のアフガニスタン支援，2003年以降のイラク戦争などが影響していると考えられる（図14）。

援助モダリティ別では，「無償」と「技術協力」におけるポスト・コンフリクト支援の割合（つまり，無償・技術協力全体におけるポスト・コンフリクト国支援の割合）が比較的高く，「借款」による支援はほとんどみられないということである（図15）。ただし，2004年のみイラク支援が表明されたことを受けて，借款が4％台を占めている。ただし，これらはいずれも，政府間の**交換公文**（E/N：Exchange of Notes）締結ベースの数字であり，実際にプロジェクトが実行されていることを意味するものではない。たとえば円借款は数十億〜数百億円の大規模な事業が多く，時間もかかるため，交換公文の締結からかなりの時間を要するのが通常である。

つぎに，イン・コンフリクト（紛争中）の国に対するODA供与額をみてみよう。イン・コンフリクト国に対するODA割合は，1994年以降，1997年の例外を除いて，2001年まで15〜20％前後で推移しているが，それ以降，逓減している。しかし，援助の形態別では，無償資金協力における支援割合がイラ

第5章 開発援助の新戦略論

図16 イン・コンフリクト支援

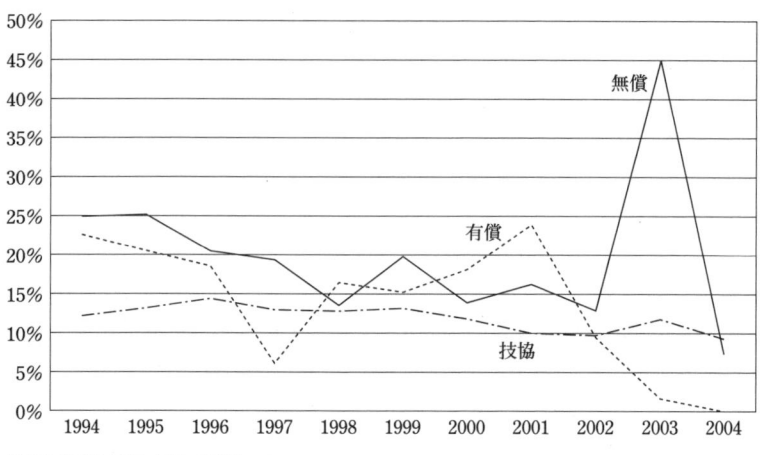

出典：外務省ODA白書（各年）

ク戦争のあった2003年の45％をピークとして高水準で推移している。借款については2002年までは安定していたが，2003年以降激減している。専門家派遣などの技術協力は全期間を通じて10％前後で安定している（図16）。注目すべきは，イン・コンフリクト支援の割合が，ポスト・コンフリクト支援よりも大きく上回っている，つまり，現に紛争を抱える国々を支援しているという点である。

このことについて，いくつかの論点が考えられる。まず，日本の援助資金が，平和構築にとって，本当に必要な時期・タイミングに投入されているかという疑問がある。つまり，紛争中の支援が紛争後の支援を上回っているという事実をどう考えるかという問題であるが，紛争を抱える政府への支援は，抵抗勢力から正当性を疑問視されている既存勢力の支援となり，社会構成員の不満を助長し，紛争要因の増強につながりかねない。第3章で論じたように，スハルト政権を事実上支えたのは日本のODAを含む，ジャパン・マネーであることは明らかであり，民主化前のフィリピン，韓国など，特に冷戦時代にアメリカの国際戦略に飲み込まれるかたちでジャパン・マネーが独裁国家を資金的に支援

> **Column 14　イン・コンフリクト国支援　パレスチナ**
>
> 　日本は1990年代から，パレスチナ支援を行ってきた。パレスチナは紛争が終了した国ではなく，紛争を抱えた国——つまりイン・コンフリクト——である。日本は立ち入りが制限されている，ガザ地区を対象とするのではなく，比較的実施しやすいヨルダン川西岸のジェリコ地区を支援した。実施機関として，まずはできるところを支援するということである。パレスチナの問題の困難な点はパレスチナ一国の問題ではなく，周辺の中東情勢が影響してくるということである。
>
> 　2006年2月，対イスラエル強硬派のハマス政権樹立後，パレスチナへの支援はしないという，日本政府の方針が打ち出され，援助が一時凍結していたが，2006年7月の総理訪問の直前に凍結が全面解除となった。このように，パレスチナ支援は時々の政治情勢で支援状況が流転する。このようにイン・コンフリクト国支援の場合，経済ニーズよりも政治的配慮が優先されがちである。さらに実施した支援事業が紛争で破壊されてしまうリスクもある。

した例をみても，イン・コンフリクト国への支援は慎重になるべきではないだろうか。また，日本の中国に対する多額のODA資金も，体制強化という意味では大いに貢献してきたといってよい。

　前に述べたように，日本の支援，特に円借款による支援は，開発途上国の「自助努力」を支援する，という建前で実施されてきた。しかし，その本音としては，途上国の国内問題，特に，政治制度，ガバナンスについては目をつぶるという姿勢をとってきたのである。1989年の天安門事件以降，西側諸国から経済制裁を受けた中国に援助資金を出し続けたのも日本であり，国内の少数民族の要求や民主化運動を弾圧し，西欧から制裁を受けているミャンマーを援助し続けているのも日本である。自助努力という言葉は，聞こえがいい言葉であるが，国内のガバナンスの問題を抱えていても，目をつぶって手出しをしないという意味にもとらえられる。日本のODAが，途上国のガバナンスを結果として，弱めることとなり，平和構築という観点からはむしろ後退させていたのではないだろうか。

　また，日本のODAが必要なセクターや地域にバランスよく配分されているかという疑問もある。これは，日本をふくめ，各援助機関にとっての「平和構

築論」がそれぞれの業務の範囲内で考えられ，思い思い実施されてしまうため，ドナー間の調整が失敗してしまうということである。この点に関連して，日本国内でもODA部門とPKO部門との連携が弱い，あるいはODA部門であっても無償と有償，技術協力は調整ができていない，などの問題がある。また，これまで日本の無償や技術協力が実施してきたような，コミュニティ支援や難民支援などのような分野は得意であるが，世銀・IMFが主導するPRSPのようなマクロ支援は不得意であるという面がある。この背景には，外務省と財務省の省益対立が関係していることは東ティモールの事例でふれたとおりである。結果として，日本は多くの小規模な平和構築プロジェクトを各地で実施しているが，国全体に影響を与えるようなマクロ計画には影響を与えていないという結果となっているようである。

さらに，興味深いことは，新ODA大綱（2003年）がポスト・コンフリクト国を中心とする平和構築支援を謳っているのに対して，実態はODA大綱が改訂される以前から継続的に行われ，そのなかで，紛争を抱える国家に対しても積極的なほど支援が供与され続けてきたことである。ただし，ODA大綱が改訂されてからは，無償を中心としてポスト・コンフリクト国支援が増加傾向にある。

他方，円借款はODA大綱改訂後は紛争中・後を問わず，ポスト・コンフリクト国支援は減少傾向にあるといえよう。紛争経験国に対する借款の割合が少ないのは，紛争経験国がほとんど所得水準の低いアフリカ大陸に集中しており，借款を受け入れる経済産業基盤が整備されていないことが多いことと関係している。借款は低利とはいえ，元本・金利返済の義務が生ずるので，一定の経済産業基盤が整備され，外貨獲得力のある国以外は供与できない。

いずれにせよ，2003年にODA大綱が全面改訂されたことによる平和構築支援への影響は数字のうえで確認できない。大綱の役割を強いてあげるとすれば，国際情勢の変化や日本の平和貢献に対する内外の期待を反映するかたちで——東ティモール，アフガニスタン，イラクに対するODAが増強されて，デ・ファクトとして——伸びてきた日本の援助予算を追認する政策的根拠としての役割ではないだろうか。日本の予算制度も，欧米のNPMの影響を受け，少なくとも建前としては，成果中心主義にシフトしようとしている。2003年

には政策評価法も制定された。そうしたなかで日本の平和構築支援も，新たな戦略性を持たなければならない。

平和構築における援助モダリティの特徴

　以上のように日本の平和構築支援においては，イン・コンフリクト，ポスト・コンフリクトそれぞれの段階で，無償，技術協力，有償（円借款）がさまざまなかたちで供与されている。理想的にはそれぞれのモダリティの長所を活かし，相互補完的に供与されることであるが，主務官庁も異なるため，供与のタイミング，地域などでつねに事前に調整がとれているとは限らない。

　ここで平和構築における各モダリティについて，おおざっぱにその特徴を述べてみたい。まず，外務省が実施する無償資金協力であるが，技術協力と比較すれば規模が大きい（数億～10億円規模）ものの，1年以内に予算消化しなければならない，「単年度主義」を採用しているため，容易に設計変更や工期延長には対応できないという柔軟性の乏しいスキームである。平和構築は状況に応じて，計画変更を含めて臨機応変に対応しなければならないことが多い。また，無償資金協力は日本企業に調達先が限定されているため，たとえば，アフリカのフランス語圏（チャドやコート・ジボアールなど）における平和構築事業に従事できる日本企業が非常に限られている。他方，グラント資金であるので，途上国にとっては返済義務がなく，債務負担を強いられることはないという利点もある。

　つぎに，JICAが実施する技術協力は，1件あたりの規模が小さいため，相手国に制度変更，政策変更をもたらすような大きなインパクトは持たない。ときおり，開発調査の「実証的」プロジェクトと称して，紛争経験国の難民・帰還民の受け入れ地域にコミュニティ・エンパワーメント事業（CEP）のような小規模のプロジェクトを実施することがある。しかし，事業としては本来NGOが実施するような規模のものであり，なぜ日本のODAの資金を使用して，このような小規模のプロジェクトを実施しなければならないのか，納税者に説明をすることは容易ではない。しかし，逆に，日本人の専門家やコンサルタントを派遣し，草の根レベルの視点で開発事業を実施することができるという意味では，日本の「顔」がもっとも見えやすい援助方式である。しかし，無

償資金協力と同様に，技術援助も日本企業に調達先が限定されており，単年度主義という制約を受ける。

最後に，JBIC が実施する有償資金協力，すなわち円借款であるが，もっとも大規模で，しばしば相手国に大きな政策変更をもたらすインパクトを持つ。予算の執行を複数年度に繰り越すことができるため，臨機応変な設計変更などを行うことができ，また調達先を日本企業に限定していないため，効率的な資金運用が可能である。さらに世銀などの国際金融機関との協調融資を通じて，国際ドナーのなかで大きな発言力を持つ場合もある。現に，スリランカやカンボジア，イラクなど，円借款が供与されている紛争経験国において，日本は資金力を背景に欧米ドナーに匹敵する，場合によってはそれ以上のプレゼンスを示すことに成功し，たとえば PRSP などのマクロ政策においてもその核心部分で深く関与している。しかし，他方，相手国に負債を強いるスキームであるため，**重債務貧困国**（HIPCS：Heavily Indebted Poor Countries）のような債務負担能力のない国については供与できない。もっとも貧しい国こそ，もっとも多くの資金を必要としているのに，それが供与できないという矛盾を抱えている。さらに，規模が大きいため，円借款の要請から事前調査，審査を経て，供与の決定までに時間がかかり，平和構築のように即効性，迅速性が求められる案件としては時間がかかりすぎるという欠点がある。

そして，3つの援助スキームに共通する最大の問題点は，無償は外務省，技術協力は JICA（監督官庁は外務省），有償は JBIC（複数の官庁が監督しているが実質的には財務省が主導）の「三頭体制」で行われているため，それぞれの所掌官庁・実施機関が別々であり，場合によっては競合する場合もあり，しばしば**デマケ争い**（どの機関が何を担当するかをめぐって，対立すること）が起こる場合があるということである。結果，全体としての政策の一貫性がとりにくいという問題点がある。しかし，この問題は 2008 年にこれらスキームが新生 JICA に統合されることとなるため，とりあえずは解消されることとなる。

2
移行期支援の視点

移行期支援のアプローチ

　第1章で述べたように，世銀では，コリアら政策研究部門を中心として「内戦，犯罪，暴力の経済学」(The Economics of Civil War, Crime and Violence) という研究プロジェクトを1998年から7年間にわたって実施した。2005年からはこのプロジェクトは「紛争後の移行：政治制度，開発，民主的な市民の平和」(Post-Conflict Transitions : Political Institutions, Development and a Domestic Civil Peace) に継承されている。「移行」に焦点を当てるようになったのは，イラク戦争の終結が長引くにつれ，「平和構築」そのものも大事であるが，そこにいたる過程に対する支援が重要になってきたことである。現に，平和構築の移行過程でアフガニスタンでも思うように治安が回復せず，東ティモールでも暴動が再発してしまった。

　その後，他ドナーや日本でも「移行期支援」という言葉を使い始めている。人道支援期と開発期のはざまに位置するこの期間は，支援のギャップがもっとも生まれやすいので，国連・世銀・二国間機関・移行国がそれぞれのツールを持ちよって連携する必要があるという認識が高まっている。

　JICA (2005) によれば，ドナーが移行期支援において留意すべき点として，7つのポイントがあげられている。

　第1に，当然のことであるが「移行と紛争の構造を理解」することである。つまり，なぜ，紛争が起きてしまったのか，その「構造的要因」と「引き金要因」は何か，厳密に考えることが大切である。そして，人道支援と開発援助の移行をスムーズに行うためには何をする必要があるかを要因分析し，対処療法ではなく，長期的に平和構築を持続させていくための処方箋を練るということが大切である。そのうえで，必要な「政策介入」の具体的な中身やツールを検討すべきであるとしている。JICAには紛争国に対する事業の評価を行う際にPNA (Peacebuilding Needs Assessment, 平和構築ニーズアセスメント手法) と呼ばれる分析手法を持っているが，まさにこの移行期にこそ，実施されるべきで

あるとしている。

　第2に，政策介入の結果，制度がより脆弱にならないためにも，実務者としてはいくつかの留意点が必要である。①机上の空論ではなく，ニーズに即した介入方法，②所属機関の制約，マンデートを理解し，説明できること，③平和回復に貢献しうる戦略・プログラムを実施すること，④被益者(ひえき)の視点を取り入れた計画を策定すること，⑤国家，地方の吸収能力に応じ，現地に権限委譲すること，⑥国家の能力が無い場合，能力のさらなる低下を招かぬよう，国家と同じシステムを複製しないということである。特に，⑥の点は重要で，アフリカ諸国に対する世銀・IMFの政策介入が何ももたらさなかったばかりか，逆に制度を弱体化させてしまった過去の教訓をふまえるべきである。

　第3に，移行期における人間の安全保障の観点を持つことが重要である。つまり，平和構築がともすると「上からの」アプローチになりがちな政策介入であるが，ここに「下からの」視点を導入することによってバランスを図ろうとするものである。コミュニティ開発と住民のエンパワーメントを中心とする下からの支援は，国家建設を中心とする上からの支援を補完するという考え方である。また，人間の安全保障は，地域組織の強化を通じ，平和構築に資するものであるという考え方に支えられている。

　第4に，紛争移行期を乗り越え，平和構築を定着させるためには，治安の回復は不可欠の条件である。そのためには，対立する勢力間の和解が必須条件である。本来，治安回復は軍事力によってもたらされるべきではなく，議会・市民団体・メディアが文民統制の中心となるべきである。つまり，アフガニスタン，イラクのような外部の軍事力による治安維持の方法はあまり参考にはならない。治安回復を成功させるためには，DDR，地雷除去，警察改革，市民レベルの武装解除，小規模武器規制の連携強化が大切である。

　第5に，国内のガバナンスや社会構成に対する配慮が必要である。ガバナンス面については，①民主主義モデルの導入は慎重に行わなければならない，②「西洋モデル」を押しつけないことが肝要，③成果がみえにくく，長い年月がかかる，④不完全な解決法であっても受け入れる，⑤新しい政府は，国際NGOなどの外部組織に過度に依存しない，⑥権力の分立，公共部門の脱政治化，議会の独立，司法の独立，文民統制などに留意することが重要である。ま

た，社会組織については，①外部者の影響力は限定的，②国際的介入は国際的な正義・人権の基準を遵守，③「真実」を追究することは援助支援の目的ではない，④関係修復・尊厳回復自体が目的となる場合がある，⑤帰還民などの社会融合に配慮すべき，⑥長期的にはコミュニティ建設の支援が有効，⑦新政府の主体となる人々に対する精神的サポートが必要である。

第6に，移行期に重視すべき復興の重点分野はいくつかあるが，特にインフラの再建は重要である。インフラ，つまり，道路・橋・通信といった施設は経済の大動脈であり，これらが欠如すると社会・経済の発展はおぼつかない。しかし，紛争直後には平時と比較してインフラの再建に莫大な費用がかかり，特に治安に問題がある場合にはなおさらである。また，インフラを整備する際には，地域住民の参加がきわめて重要である。

第7に，移行期支援に従事する人材の安全確保と健康管理は重要である。JICAでは，アフガニスタンに長期間派遣される職員や専門家のために，長期休暇制度を導入した。これは，現地での滞在が一定期間に達すると，国外でリフレッシュすることができる制度である。つねに緊張した状況下での仕事を強いられるスタッフの健康・精神衛生面を管理するためにこの制度は有効に機能した。JICAではこれまでにも，世界各地の犯罪やテロに巻き込まれて命を落とした関係者が少なからずいた。そのたびに組織としての責任を問われ，対策がとられてきた。現在ではこうした過去の教訓を生かしたさまざまな安全管理措置が講じられている。

JICAの新たなとりくみ

JICAは2003年に組織法を改正し，国際協力事業団から独立行政法人国際協力機構に名称が変更し，それまで外務次官経験者の天下りポストであった組織トップに緒方貞子理事長を迎えた。緒方理事長は人道支援の分野で長く活躍されたキャリアを持ち，国連難民高等弁務官（UNHCR）として紛争地域を多く歩いてきた人材である。JICAが独立行政法人化してから，平和構築分野において，より一層積極的な立場をとるようになった。それを可能にしたのが，JICA関連法・内規の改正と，業務運用の弾力化である。

まず，2003年の独立行政法人化により，それまで各部所で行われていた

「平和構築」が社会開発部の所管として正式に認知された（独立行政法人国際協力機構組織規程〔2004年制定〕第22条）ことである。これは2003年の新ODA大綱で明文化された「平和構築」の理念を具体的にJICA業務に取り入れ，組織化したことを意味する。このことによって，いくつかの新たな支援ツール，体制が構築・整備されていく。

これらの新たな取り組みをつぎのようにまとめることができる。

まず，JICA業務の根幹をなす，開発調査であるが，平和構築事業を対象として**緊急開発調査**が活用された。開発途上地域における自然災害，事故，海洋汚染などへの緊急対応や内戦，戦後の緊急復興に対して緊急復興計画を策定するとともに，緊急復旧のためのリハビリ事業（クイック・プロジェクト）を実施するものである。東ティモールで始めて実施され，その後インド，アフガニスタン，スリランカで実施している。今後は緊急無償など，緊急的な事業の予備的調査という機能を付加することが期待されている。

JICAは従来，設立法上，無償や有償の形で資金供与することができないため，いわば苦肉の策として**QUIPS**（Quick Impact Projects）とよばれるスキームを多用してきた。QUIPSとは，緊急開発調査の枠組みで実施される，実験的な小さな事業である。ただ，QUIPSであるからといって，いつも小規模ということではなく，必要に応じて拡大解釈されてきた。たとえば，インドネシアのアチェ支援のときは外務省のノンプロ無償とセットで，数十億円規模のQUIPSを実施した。

また，**ファスト・トラック**（fast track）**制度**が導入された。これは，平和構築支援や大規模自然災害への支援に対し，緊急性の高い事業を，簡素化された手続きなどにより，迅速に計画・実施するため導入された制度であり，JICAが紛争国に介入するまでの時間を短縮し，協力開始までの内部手続をできるだけ簡素化しようとするものである。支援開始までのスピードを迅速化するために，政府ミッションに早期に参加し，JAMへの参加も含めて他ドナーとの情報共有を行い，JICAの支援すべき分野を迅速に特定化し，また案件形成までの時間をできるだけ短縮することによって，早急に事業を実施できるように，政府部内に働きかけ，必要な調整を行う。ファスト・トラックはアフガニスタン，イラク，パレスチナなどにおいて実際に試みられている。

図17 PNAの流れ

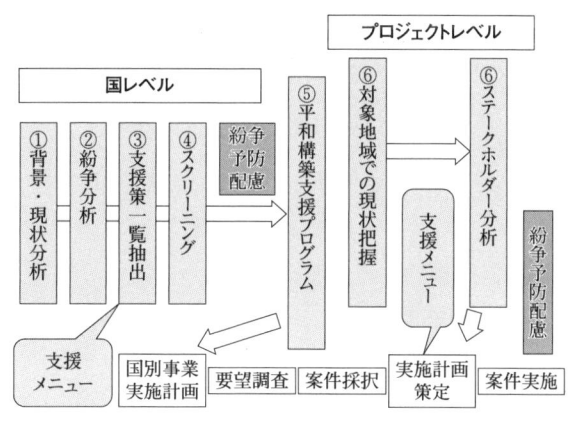

[国レベル: ①背景・現状分析 → ②紛争分析 → ③支援策一覧抽出 → ④スクリーニング → 紛争予防配慮]
[プロジェクトレベル: ⑤平和構築支援プログラム → ⑥対象地域での現状把握 → ⑥ステークホルダー分析 → 紛争予防配慮]
[支援メニュー／国別事業実施計画／要望調査／案件採択／支援メニュー／実施計画策定／案件実施]

出典：JICA

　迅速に適材適所の人材を現場に送り込むため、**人材プール制度**も導入された。これは、あらかじめコンサルタントや専門家などを選定し、確保（プール）しておき、一定の条件を満たす案件の実施に際し、最適な人材を契約交渉相手方として指名する制度である。緊急にコンサルタントなどを調達することが必要であり、公示による選定を行うことが時間的に困難である場合に適用する。2006年6月現在、116名の人材が登録されている。

　同様に、**一気通貫制度**も活用されている。これは移行国支援に特化したスキームではないが、プロジェクト形成調査とその後の開発調査を同じコンサルタントが受託するというやり方である。アンゴラ、シエラレオネで前例がある。

　また、JICAが独自に開発した手法として、いわゆるPNA（平和構築ニーズアセスメント手法）がある。これは、紛争の要因や再発要因、復興時特有のニーズに包括的に対応し、事業の計画・実施・モニタリング・評価において、「紛争の再発を予防し、平和を促進する視点＝紛争予防配慮」を反映する手法であり、図17のようなプロセスを経て実施される。すでにアフガニスタンやアチェへの支援などで活用されている。

3
新たな支援のありかた

モダリティ間の連携

　2003年の独立行政法人化以降，JICAはさまざまな工夫を行いながら，平和構築の事業を拡大し，一定の実績をあげてきたのは事実である。しかし，JICAが行う事業は，直接的に資金を提供するのではなく，「技術」を提供するものである。技術を提供するとは，具体的には調査を実施し，必要に応じた専門家を派遣したり，場合によっては日本に研修員を招聘したりすることである。また，技術提供に必要な資機材を提供することもある。一部の例外を除き，資金提供はできない。

　その意味で，JICAは日本のODA事業全体にとっての「コンサルタント」的役割を果たしている機関である。つまり，外務省やJBICが実施する資金援助を見込んだ調査をし，場合によってはカウンターパート側の人材を育成し，専門的なアドバイスを与えるということである。金額は少ないが，重要な任務ではある。しかし，先方政府にとっては，JICAもJBICも外務省もいずれも，「日本のODA」である。しかし，日本の縦割りODA体制のために，相手が戦争直後のきわめて逼迫した状況であるにもかかわらず，日本の専門家が悠長に「調査に来た」という表現を使うことによって，相手に余計な誤解を与えてしまうこともままある。

　ともあれ，JICAの技術協力のみでは金額，規模からして移行国に面的な影響を及ぼす支援を行うことは困難であり，したがって無償・有償資金協力との連携が求められる。ただし，移行国の多くは債務負担能力の観点からイラクなどのように資源保有国などの例外をのぞいて，有償は当面見込めない国が多いので，無償資金協力との連携が重要である。この点については，2008年の機構改革（後述）に向けて，さらに援助モダリティ間の連携を強化していく必要がある。

円借款の役割

　これまで無償資金協力・技術協力を中心に進められてきた平和構築支援であるが，日本のODAの特徴のひとつである有償資金協力についても触れておく必要がある。円借款は低利とはいえ，相手国から金利をとって返済を義務付ける「借金」である。原資は郵便貯金を中心とする財政投融資であり，日本独自の援助方式である。平和構築は収益性が低いので円借款にはなじまないという意見がある一方で，これを積極的に評価しようとする考え方もある。

　そうした積極活用論の最たるものが，「平和構築の復興初期の支援から民間投資への橋渡し」論である。その要点は第1に，紛争後の復興支援において必要とされる資金は膨大であり，譲許的な有償資金で支援することは支援をスケールアップする点でとりわけ有用であり，大規模インフラ（幹線道路・通信など）への投資は，無償では対応できない。第2に，マイクロ・ファイナンスなど，貧困層・女性・退役兵士などを対象とした全国レベルでの支援は，融資が可能である。第3に，有償資金に基づく事業は，事業として資金回収を目指す姿勢が不可欠であり，プロジェクトとしての持続性とオーナーシップ強化を促すものである。返済義務を履行するため，効率的な経済運営を促進し，財政の透明化を促す。第4に，返済の義務がない無償と異なり，有償資金は途上国にとってもより，厳粛な財政管理が求められる。第5に，民間資金の「呼び水」として円借款は有効であるということである。

　また，円借款については，つぎのような利点もある。円借款は金額・規模において，全国規模の面での展開が可能であり，また単年度で消化しなくともよいので，より地に足のついた，「制度改革」に投資を行う余裕がある。さらに，類似の支援スキームを持つ国際金融機関との協調融資の実績もあるので，そのノウハウが活かしやすい（日本で世銀・ADBと協調してきたのはJBICのみである）。しかも，国民の税金を原資とする無償と異なり，返済される資金なので納税者の理解が得られやすいということである。

　これらの円借款有用論は平和構築支援における被支援国の資金調達は，当初の贈与依存型から，経済成長の度合いに応じた低金利借款の活用，さらに民間投資や市場資金へと移行していくことを想定している。借款は，そうした移行期間において，民間投資を受け入れるための制度やインフラを整備するという

機能があると考える。

　しかし、こうした借款ならではの有用性を活かすためにも、ほかのスキームとの連携がますます重要になってくる。なぜなら、緊急的な復興初期から中長期的な復興・開発の過程のなかで、有償資金協力だけが有用というのではなく、無償・技術協力による支援と有償資金協力を組み合わせながら復興・開発支援を進めることが、より効果的だからである。たとえば、復興期の初期には、無償資金協力で対応し、中長期的には有償資金協力で事業を拡大していくということも考えられる。無償資金協力による当面のニーズの高い案件実施がなされた場合でも、中長期的には、事業のより大規模な展開のためには、有償資金協力が有効である。また、債務状況に配慮しつつ限定的に小規模な借款事業を行い、そのなかに無償、技協による支援を組み合わせ、債務管理能力を含めた行政能力の向上を図るなど、債務持続可能性を高める手立てを組み込むことも、有効な支援の進め方であろう。

　さらには、円借款に先行する緊急人道援助、無償、技術協力の実施の各段階においても、将来の円借款供与を念頭に置き、経済成長や事業採算性などの視点を組み込むことが肝要である。途上国の制度構築のための支援もより一貫性が確保されるからである。

新生 JICA と平和構築

　さて、これまでの日本の ODA 体制の縦割り主義の弊害とされてきた、「三頭型」の援助スキームは 2008 年より新生 JICA の下に一元化されることとなった。つまり、これまでの技術協力に加えて、外務省が担当していた無償資金協力、JBIC が担当していた有償資金協力を統合して、すべての ODA スキームがひとつの機関で実施されることになる。これは、日本の ODA 関係者が長年抱き続けてきた悲願であった。

　以降、ODA に関するすべての政策立案は外務省の「国際協力企画立案本部」(新設)の主管となり、従来、並立していた国際協力局と地域局もこの部のもとに統合されることとなる。ただし、新生 JICA が新たに受け持つことになる円借款については、従来通り、財務省が監督責任を有するということとなった。円借款の原資は一般会計ではなく、財政投融資なので、この財源をつか

図18 2008年ODA改革

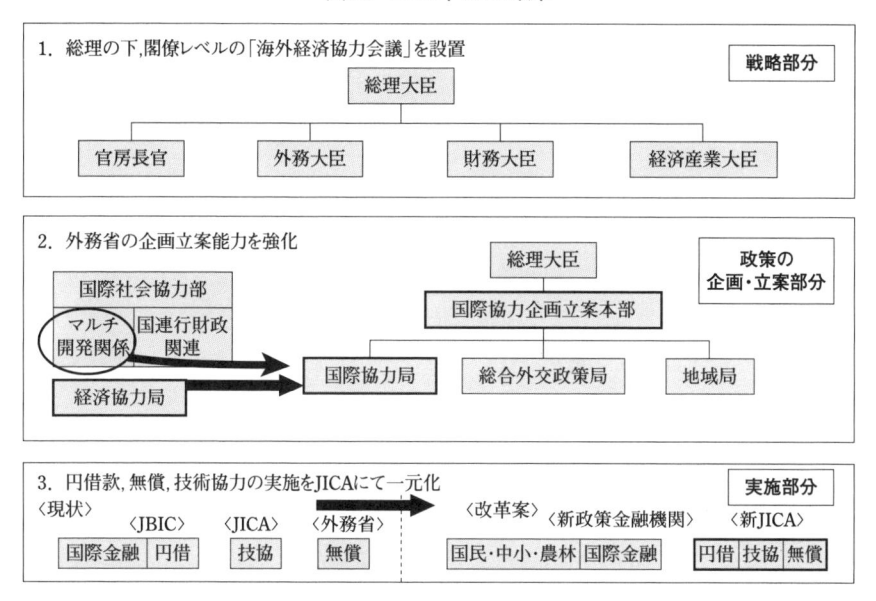

出典：外務省

さどる財務省が関与するということになる（図18）。

さらに，外務省の上部機関として，総理大臣を中心とする「海外経済協力会議」を設置し，日本のODA戦略を各省の利害を超えた，大所高所の立場から立案するという制度を稼働させることとなった。その裏には，官邸の権限を強化することにより，財務省と外務省の省益争いを防ごうとするねらいも隠されている。

ここで想起されるのが，1999年に円借款を担当する海外経済協力基金（OECF）とその他の公的資金を担当する日本輸出入銀行が合併した際に，実際には，職員が旧基金派と旧輸銀派に色分けされ，その後の人事が事実上，旧組織内で固定されてしまったことである。また，組織内でデマケ争いさえ行われ，ひとつの組織に2つの組織が存続したような変則的な状況が存在していた。同じことが，新生JICAで起こらないとも限らない。組織への所属のみならず精神的な帰属を重視する日本型組織の場合，そのような状況の再発も予想される。

しかし，これでは本来の統合の意味がまったくなくなってしまう。新生JICAには狭隘（きょうあい）な「組織ナショナリズム」を排し，日本のODA改革という大きな視点で組織運営を行うべきである。

PKO活動との連携

　PKO活動とODA活動は平和構築という理念・目的は共有しているものの，それぞれ別の根拠法に基づく活動であるため，両者の連携がとりにくい。同じ平和構築に資するという目的で活動しているにもかかわらず，である。日本はイラク（サマーワ）に自衛隊を派遣したが，イラクの自衛隊には日本のODA事業施設や関係者を守る義務はない。ところが治安の悪化により，日本人の援助関係者は2003年夏に国連事務所が爆破されて以来，現地に立ち入りができない状況となっている。一方，アメリカやイギリスの援助関係者は賛否両論はあろうが，自国の軍隊に守られながら活動を続けている。日本はイラクの復興に対して，3,000億ドルもの支援を表明している。この莫大な援助が無駄に使われないためにも，日本の援助関係者の治安を確保しつつ，現地活動できるような体制，場合によっては自衛隊との連携を模索すべき時期にきている。しかし，日本の特にリベラルなNGOを中心に軍事力に守られながら，援助を実施するとはなにごとか，という根強い慎重論もある。

　逆に，財界の一部には「日本型CIMIC（民軍協力）」を創設すべきという，一歩踏み込んだ提言もある。これは，イラクへの自衛隊派遣を踏まえ，①今後の自衛隊の国際貢献活動に関する規定を恒久法として整備すること，②その枠組みのなかで，より安全かつ効果的な支援活動を行うための制度として日本型CIMICを構築しようとするものである。つまり，自衛隊，警察・海上保安庁などの政府機関と，国内のNGO・民間企業などが互いの得意分野を活かして，人道復興支援を実施していうものである（経済同友会 2004）。

　しかし，その一方で，日本の国連PKOに対する支援自体も転換点に立っている。そもそも，一口にPKOへの派遣といっても，役割はさまざまである。カンボジアや東ティモールで日本の自衛隊が実施した施設部隊の仕事，モザンビークなどで経験している輸送調整業務や運送業務，さらには通信，医療業務なども含まれる。PKO法そのものは2001年に改正され，それまで凍結されて

いた，いわゆる本体業務（PKF）への参加にも道を開いた。賛否両論はあろうが，これによって部隊として停戦監視，武装解除といった業務にも参加できるようになった。多様な業務分野，アジアに限らずさまざまな地域のPKOに幅広く参加していくことが可能になった。

　このように，PKOのカバーする範囲が，従来型の安全保障論，すなわち，国力・武力を中心とする「平和維持活動」であるという範疇を超えて，医療，通信，土木など人道支援や開発支援にかかわる分野をも担当するようになっているのは事実である。しかし，人道支援であれば，本来，武装した組織でなくともできることであり，むしろ，人道支援を専門とする非武装集団，たとえばNGOが行うことが望ましい。しかし，NGOは危険の多い地域で活動することができない。危険が多い地域ほど，人道支援を必要とする。だから，武装集団であるPKOによる人道支援のニーズがある。ここに，ある種のジレンマがある。

市民社会の役割

　では，平和構築の分野に本来活動すべきNGOはどうしているのだろうか。本書ではあまりふれられなかった分野なので，最後に若干ふれておきたい。世界を見渡せば，「ワールド・ビジョン」，「国境なき医師団」など資金面でも人材面でも国連機関をしのぐ規模で事業展開している団体が目立つ。途上国の現地NGOもまた，国際的な支援を受け，活躍が目覚しい。では，日本のNGOはどうかというと，志は高いものの，組織的に脆弱な団体が多い。

　その直接の原因は圧倒的な資金不足である。たとえば，アメリカに本拠を置くワールド・ビジョンの年間予算は約1,000億円であるのに対して，日本国内の国際協力NGOの上位団体で10億円を越すのは5団体のみである。ちなみに，バングラデシュ最大のNGOであるBRACの年間予算は約190億円である。日本国内の国際協力NGO団体の合計金額が約200億円にほぼ匹敵する。

　日本のNGOが資金難に陥っているのは，直接的には個人・企業からの寄付が極端に少ないことである。日本ではNGOを非政府ではなく，反政府とみる風潮が政府部内に根強い。それが，2002年に政府が主催したアフガニスタン復興支援国際会議で，真偽のほどは明らかではないが国会議員の圧力を受けた

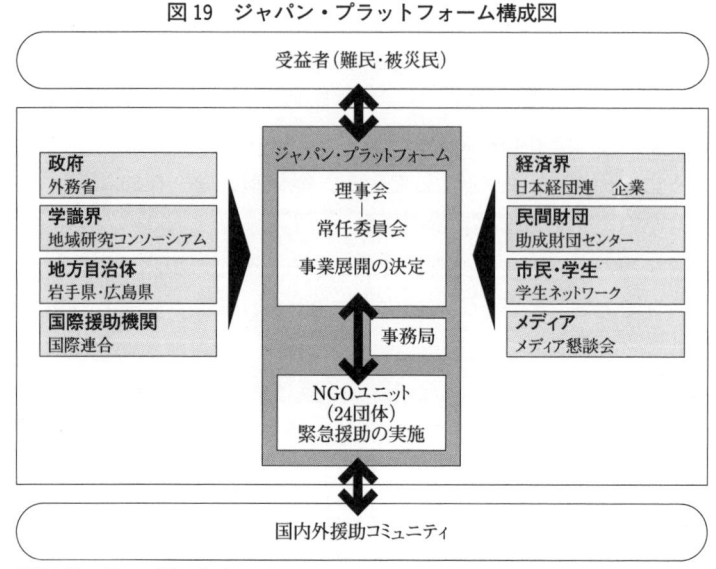

図19　ジャパン・プラットフォーム構成図

```
              受益者(難民・被災民)
                    ↕
┌─────────────┐  ジャパン・プラットフォーム  ┌─────────────┐
│ 政府         │                              │ 経済界       │
│ 外務省       │    理事会                    │ 日本経団連 企業│
├─────────────┤    │                         ├─────────────┤
│ 学識界       │    常任委員会               │ 民間財団     │
│ 地域研究    │→  事業展開の決定       ←  │ 助成財団センター│
│ コンソーシアム│                              ├─────────────┤
├─────────────┤                              │ 市民・学生   │
│ 地方自治体   │              事務局         │ 学生ネットワーク│
│ 岩手県・広島県│    ↕                        ├─────────────┤
├─────────────┤    NGOユニット              │ メディア     │
│ 国際援助機関 │    (24団体)                 │ メディア懇談会│
│ 国際連合     │    緊急援助の実施            │             │
└─────────────┘                              └─────────────┘
                    ↕
              国内外援助コミュニティ
```

出典：ジャパン・プラットフォーム

外務省が一部 NGO の会議への参加を拒否したとされる事件となって象徴的に現れた。

　NGO を支える**市民社会**（civil society）が日本ではあまり成熟していないということも，NGO が社会の一員として認知されにくい背景の一因となっている。政府側も NGO との協力強化を標榜しつつ，具体的な支援の段階になると，さまざまな規制を行い，NGO の行動を縛ってしまう傾向がある。もちろん，税金の使途に責任を持つ官庁としては，こうした規制によって，納税者に対するアカウンタビリティ（説明責任）を果たさなければならない。日本の NGO 側としても，そうした政府からの規制や介入を潔しとしないカルチャーがあるので，ますます連携が難しくなってしまうのである。

　そもそも NGO 活動には大きく分けて３つの意義がある。１つは，政府と同じ開発プロジェクトを，草の根レベルで行うこと。２つ目は，政府には目の届かないような，民衆生活に直接関係するプロジェクトを，途上国側とパートナーシップを組んで行うこと。３つ目は，政府の ODA に対して，NGO の立場

から提言を行い，住民に望ましいように変化させることである（西川 2000）。弱小とはいえ日本のNGOも少しずつ力をつけてきており，東ティモールやアフガニスタンの復興開発では，諸外国の有力NGOに負けない位の役割を果たしてきた。

　日本の市民社会も萌芽期（ほうが）を迎えつつある。それは，**企業の社会的責任**（CSR：Corporate Social Responsibility）という考え方が日本企業に芽生えてきているということにも現れている。国際開発分野では，NPO法人「ジャパン・プラットフォーム」の活動が特筆に価する。ジャパン・プラットフォームは，主に経済界からの寄付金，政府からのODA資金，個人からの献金を事前にプールし，紛争や災害など緊急事態が起きると，出動するNGOへの助成を行うという仕組みである。すでに，アフガニスタン，スマトラ沖地震などで実績をつくってきた。

　ジャパン・プラットフォームの定款（第3条）によれば，「この法人は，ジャパン・プラットフォームに関与するNGO，政府機関，企業，メディアおよび研究機関などが有している人材，資金および知識や経験を互いに活用することにより，日本のNGOを中心とした援助活動の質的向上を図り，国内外で起こる自然災害の被災地域，紛争地域および途上国における援助活動を積極的に行い，その活動を通じて国際社会の一員として平和な社会づくりに貢献することを目的とする。また，この法人は，その活動を通じて日本の市民社会のさらなる発展に寄与することを望む」ということである。

　こうした取り組みがさらに拡充していくためには，途上国の平和構築は自分たちの問題であるという，国際公益に対する，市民ひとりひとりが当事者意識を持つことが重要になってくる。そのためには，市民団体や企業による**アドボカシー**（advocay，啓蒙活動）が大切である。企業の公的役割，メディアのありかた，大学や教育現場のかかわりかたなどあらゆるレベルで平和構築の問題を議論していくことがそのための第一歩であろう。

第 5 章の要点　*Key Point*

① 日本の平和構築支援の特徴は，紛争後は無償・技術協力が中心であり，紛争中は円借款も比較的高い割合を占めていることである。しかし，実際にはそれぞれの援助形態の特徴を活かした支援が行われている訳ではない。

② 平和構築は動的なプロセスであることに注目し，これを「移行期」と捉えて支援を行う考え方が注目されている。日本では JICA が平和構築分野でのコンサルタント的役割を果たし，調査，トレーニング，技術供与などを行ってきた。

③ 今後，日本が平和構築支援を行っていくためには，ODA 行政の制度改革はもとより，市民社会の成熟化を背景とした NGO 活動の拡大が求められる。そのためには，途上国の平和構築は自分たちの問題であるという，国際公益に対する，市民一人ひとりが当事者意識を持つことが大切である。

あとがき

　「あの日」から6年後，2007年に再びニューヨークのグランド・ゼロを訪れた。数年前に訪れた際には，痛々しい「焼け野原」がむき出しになっていた世界貿易センタービルの跡地には，大きな星条旗が掲げられ，その下で3,000名の犠牲者を悼む記念公園の建設工事が行われていた。グランド・ゼロの横には，仮の記念館が建てられ，あの事件で亡くなった消防士のヘルメットや，焼け焦げた携帯電話・クレジットカードなどが展示されていた。

　開発経済論を専攻する私が，平和構築という分野を本格的に研究対象とするようになったのは，直接的にはこの事件に大きな衝撃を受けたことがきっかけであった。しかし，そもそも開発途上国との出会いは，学生時代のパキスタン旅行にさかのぼる。当時，パキスタンにはソ連軍に占領されたアフガニスタンから逃れてきた人たちが大勢暮らしていた。私が現地で出会ったアフガニスタン難民は，20歳前後の素朴な若者であり，祖国解放のために，ムジャヒディンとして戦うのだと熱く語っていた。その頃，ムジャヒディンはアメリカから武器を受け，ソ連軍と戦っていた。兵士のなかには，アフマド・シャー・マスード将軍や，若きオサマ・ビン・ラディン師がいたという。

　その後，日本の援助機関職員を経て，ワシントンの世界銀行に勤務して以降も，パレスチナ，シエラレオネなどの紛争国を担当することが多かった。パレスチナでは「あなた方，世銀はパレスチナ人の味方なのか，イスラエルの味方なのか」と詰め寄られる場面もあった。当時，アメリカ政府は世銀がイスラエルの利益に十分配慮したパレスチナ支援をしているか厳しく監視し，世銀にも圧力をかけていたのである。その世銀は，2005年に，イラク戦争を推し進めたウォルフォウィッツ国務副長官を総裁に任命している。

　実務世界から「引退」して，大学に籍を置くようになって以降，日本の援助機関の依頼で，アフガニスタン，東ティモール，ネパールなどの平和構築に従事する機会を得た。日本としてどうしたら平和構築に貢献できるのか，調査して提言せよというのである。ところが，報告書執筆の各段階で，発注者である

あとがき

　援助機関から多くの「修正要求」が入る。なかには的を得た指摘もあるが、大方は組織としての利益を守ろうとするための検閲的な修正が多い。そのたびに、私は忸怩たる思いを繰り返してきた。同様の思いをしている大学関係者、コンサルタント業界関係者も少なくないはずである。

　本書の執筆にあたっては、いかなる組織の利益あるいは国益にも左右されず、あくまでも開発経済論を専攻する一研究者の平和構築論を読者に伝えることにこだわった。そのなかで、もっとも伝えたかったことは、軍事的な問題に対して、非軍事的に関わり、影響を与えることは可能であるということである。そのためには、関係するアクターが協調して、ひとつのゴールに向かわなければならない。しかし、現状は、援助機関は組織益にこだわり、国家は国益にこだわり、協調を行うための大きな壁が立ちはだかっている。市民社会の力はそれらを打ち破るにはいたっていない、閉塞状況である。

　この原稿は、所属先の早稲田大学から一時はなれ、フランスにあるパリ政治学院（シアンス・ポ）の研究室で執筆している。となりの研究室には南北朝鮮関係を専攻する、私と同世代のロシア人研究者がいる。その彼は1980年代末に、ソ連兵としてアフガニスタン・ウズベキスタン国境に駐留し、マスード将軍らムジャヒディンと戦っていたそうだ。ロシア人にとってのアフガニスタンは、アメリカ人にとってのベトナムに匹敵する、独特の思い入れがある。

　時は流れる。つぎに私がグランド・ゼロを訪れるときには美しい木々に囲まれた記念公園が完成しているに違いない。その頃にはアフガニスタンやイラクにも、真の平和が構築され、人々に笑顔が戻っていることを願ってやまない。

　本書の研究の大部分は、早稲田大学国際戦略研究所における研究成果によるものである。同研究所ならびに出版助成をいただいた早稲田大学総合研究機構に謝意を表したい。本書の上梓にあたっては、勁草書房の上原正信氏に一方ならずお世話になった。記して、感謝の意を表したい。

シアンス・ポの研究室にて　　大門　毅

もっと知るための文献案内

　本書をきっかけに，平和構築論についてさらに深く学びたい読者向けとして，近年に刊行され，比較的入手しやすい日本語の文献を中心に紹介したい。

平和構築論の概要をもっと知るために
稲田十一編（2004）『紛争と復興支援――平和構築に向けた国際社会の対応』有斐閣。
　　▷開発援助機関による紛争後の復興支援について，実践面に焦点を当てつつ，体系的に整理した文献。ケース・スタディを中心にとりまとめたもの。
ナイ，ジョセフ・S.（2005〔原書2004〕）『国際紛争――理論と歴史』（田中明彦・村田晃嗣訳）有斐閣。
　　▷アメリカの大学で広く使用されている国際関係論の入門テキスト。冷戦にいたる国際紛争の歴史をリアリズムの視点で概観し，冷戦後の構造変容を特徴づける。
山田哲也・藤原帰一・大芝亮編（2006）『平和政策』有斐閣ブックス。
　　▷平和構築を政策としてとらえ，政治学・法学を中心とする立場から分析した論文集。これまでの平和学の分析を踏まえた視点が反映されている。

平和構築の理論（第1章）をもっと知るために
佐藤誠・安藤次男編（2004）『人間の安全保障――世界危機への挑戦』東信堂。
　　▷人間の安全保障論について政策的課題を中心に外交，援助，テロリズム，グローバリズムなどの視点から内外の研究者がとりまとめた論文集。
篠田英朗（2003）『平和構築と法の支配――国際平和活動の理論的・機能的分析』創文社。
　　▷国連を中心とする平和維持活動の法的側面を詳述した学術書。平和構築を法の支配の側面から捉え，イラクでのアメリカの軍事行動を国際法上の違法行為と断じている。

セン，アマルティア（2003〔原書1999〕）『アイデンティティに先行する理性』（細見和志訳）関西大学出版会。
　▷集団や共同体への自己同一化と個人の選択の問題を，経済学と政治哲学の領域を横断しながら洞察を加える，ハンティントン的世界観への反論の書。

ハンティントン，サミュエル（1998〔原書1996〕）『文明の衝突』（鈴木主税訳）集英社。
　▷冷戦後の世界の枠組みを，8つの文明圏の内部結束と，相互の衝突という視点から描きベストセラーとなった大著。イスラム文明をテロリズムの温床であると断じている。

平和構築の実践（第2章）をもっと知るために

これらの報告書類はいずれもホームページから無料でダウンロードすることが可能である。

外務省（各年）『政府開発援助（ODA）白書』。
　▷日本のODA政策，形態別・国別援助実績，国別援助方針などが記載されている。
　http://www.mofa.go.jp/mofaj/gaiko/oda/index/shiryo/hakusyo.html

国連開発計画（各年）『人間開発報告書』。
　▷人間開発指数を用い，全世界をランクづけしている。人間の安全保障論を意識。
　http://hdr.undp.org

世界銀行（各年）『世界開発報告』。
　▷英語の頭文字をとってWDRと称される，開発戦略の最先端を知るうえで有益な書。
　http://econ.worldbank.org/wdr

アフガニスタンでの平和構築（第3章）をもっと知るために

伊勢崎賢治（2004）『武装解除——紛争屋が見た世界』講談社。
　▷シエラレオネ，東ティモール，アフガニスタンで武力に頼らずに丸腰でDDRを指揮した筆者の体験を等身大で綴った臨場感溢れる書。

駒野欽一（2005）『私のアフガニスタン——駐アフガン日本大使の復興支援奮闘記』明石書店。

▷駐アフガニスタン大使の立場からボン合意の設立過程から憲法制定，大統領
　　　選挙実施まで，アフガニスタン政府・日本政府のあいだで奮闘した外交官に
　　　よるエッセイ。
鈴木均編著（2005）『ハンドブック現代アフガニスタン』明石書店。
　　▷アジア経済研究所の研究者グループによるアフガニスタンの地勢から歴史・
　　　文化，政治・経済に関するテーマを綴った，最新のデータを駆使した資料的
　　　価値の高い書。

東ティモールでの平和構築（第4章）をもっと知るために
白石隆（2000）『インドネシアから考える』弘文堂。
　　▷気鋭の政治学者・インドネシア研究者によるスハルト体制末期の政治・社会
　　　状況の構造変容を分析的な視点で描いた研究書。
高橋奈緒子，益岡健，文珠幹夫（2000）『東ティモール2』明石書店。
　　▷1999年9月に発生した東ティモール暴動から多国籍軍が導入され，独立が確
　　　定するまでの情勢を克明に描いたレポート。
松野明久（2002）『東ティモール独立史』早稲田大学出版部。
　　▷東ティモールの視点からインドネシア併合時代を振り返り，民族解放運動か
　　　ら独立獲得までの史実を忠実に描いた書。
山田満（2006）『東ティモールを知るための50章』明石書店。
　　▷東ティモール独立後の平和構築も問題を含め，国際機関職員，NGO，JICA
　　　職員などフィールドを経験した東ティモール専門家によるエッセイ集。

日本の平和構築支援（第5章）をもっと知るために
後藤一美・大野泉・渡辺利夫編著（2005）『日本の国際開発協力』日本評論社。
　　▷日本の開発援助の実務の立場から，援助行政，技術協力，国際機関との協力，
　　　開発コンサルタント業界の現状と課題を分析した論文集。
白井早由里（2005）『マクロ開発経済学——対外援助の新潮流』有斐閣。
　　▷IMF出身の気鋭のエコノミストがMDGをはじめとする対外援助の新たな潮
　　　流について分析的な視角で迫った学術書。
西川潤（2000）『人間のための経済学——開発と貧困を考える』岩波書店。
　　▷数学モデル中心の経済学に人間性を取り戻すことにより，開発と貧困の問題
　　　が見えてくるという，新古典派経済学へのオールタナティブを考える書。

引用・参考文献

日本語文献

秋野豊（2000）『ユーラシアの世紀――民族の争乱と新たな国際システムの出現』日本経済新聞社。
伊勢崎賢治（2004）『武装解除――紛争屋が見た世界』講談社。
稲田十一編（2004）『紛争と復興支援――平和構築に向けた国際社会の対応』有斐閣。
遠藤義雄・藤原和彦・柴田和重（2001）『ポスト・タリバン』中央公論新社。
外務省（2005）「平和の構築に向けた我が国の取り組みの評価～アフガニスタンを事例として～報告書」（平成17年度外務省第三者評価）。
──（各年）『政府開発援助（ODA）白書』。
鴨武彦（1990）『国際安全保障の構想』岩波書店。
クルマス，フロリアン（1993〔原書1999〕）『ことばの経済学』（諏訪功・大谷弘道訳）大修館書店。
黒岩郁雄（2004）『開発途上国におけるガバナンスの諸課題――理論と実際』アジア経済研究所。
経済同友会（2004）「戦闘終了後の新たな安全確保，人道復興支援体制の構築に向けて――恒久法の制定と『日本型CIMIC』の創設」。
国際開発ジャーナル社（2004）『国際協力用語集：第3版』国際開発ジャーナル社。
国際協力機構（JICA）（2005）「移行期支援マニュアル」。
国際協力事業団（JICA）（2001）「事業戦略調査研究平和構築」。
国際協力銀行（JBIC）（2004）「対外政策としての開発援助」（JBICリサーチペーパー No.29）。
小杉泰（2006）『現代イスラーム世界論』名古屋大学出版会。
後藤乾一編（2000）『インドネシア――揺らぐ群島国家』早稲田大学出版部。
駒野欽一（2005）『私のアフガニスタン――駐アフガン日本大使の復興支援奮闘記』明石書店。
佐藤誠・安藤次男編（2004）『人間の安全保障――世界危機への挑戦』東信堂。
篠田英朗（2003）『平和構築と法の支配－国際平和活動の理論的・機能的分析』創文社。
杉下恒夫（2005）「援助行政・援助政策」後藤和美・大野泉・渡辺利夫編『日本の国際開発協力』日本評論社。
白石隆（2000）『インドネシアから考える』弘文堂。
鈴木均編著（2005）『ハンドブック現代アフガニスタン』明石書店。

セン，アマルティア（2003〔原書 1999〕）『アイデンティティに先行する理性』（細見和志訳）関西大学出版会.
田中明彦（2003）『新しい中世——相互依存深まる世界システム』日経文庫.
大門毅（2000）「世界開発報告 2000——貧困削減とそのアプローチ」『アジ研ワールド・トレンド』63 号（2000 年 12 月）.
——（2001）「援助協調のファンジビリティに与える影響」（国際開発学会 2001 年特別研究集会論文集）.
——（2003）「貧困——目標の実現可能性」（ミレニアム開発目標特集）『アジ研ワールド・トレンド』92 号（2003 年 4 月）.
——（2004）「アフガニスタン——経済復興と平和の道筋」（稲田編〔2004〕に所収）.
高橋奈緒子・益岡健・文珠幹夫（2000）『東ティモール 2』明石書店.
中尾武彦（2005）「変動する世界の ODA の中での円借款のチャレンジ」（FASID ディスカッションペーパー）.
西川潤（2000）『人間のための経済学——開発と貧困を考える』岩波書店.
松野明久（2002）『東ティモール独立史』早稲田大学出版部.
ナイ，ジョセフ・S（2005〔原書 2004〕）『国際紛争——理論と歴史』（田中明彦・村田晃嗣訳）有斐閣.
ハンティントン，サミュエル（1998〔原書 1996〕）『文明の衝突』（鈴木主税訳）集英社.
山田哲也・藤原帰一・大芝亮編（2006）『平和政策』有斐閣ブックス.
山田満編（2006）『東ティモールを知るための 50 章』明石書店.
山田満・小川秀樹・野本啓介・上杉勇司（2005）『新しい平和構築論』明石書店.
宮田律（1999）『中央アジア資源戦略——石油・天然ガスをめぐる「地経学」』時事通信社.
ラセット，ブルース「『自由主義的国際主義』の基準」（鴨武彦・伊藤元重・石黒一憲編『リーディングス 国際政治経済システム：第 4 巻 新しい世界システム』有斐閣）.

外国語文献

Anderson, Benedict(1983) *Imagined Communities : Reflections on the Origin and Spread of Nationalism*, Verso. アンダーソン，ベネディクト著，白石隆・白石さや訳(1987)『想像の共同体——ナショナリズムの起源と流行』リブロポート.
Axworthy, Lyold(2006) *Keynote Speech*, UNU Global Seminar, September 2006.
Basu, Kaushik(2000) *Prelude to Political Economy : A Study of the Social and Political Foundation of Economics*, Oxford University Press.
Boutros Boutros-Ghali(1992) An Agenda for Peace : Preventive Diplomacy, Peacemaking and Peace-keeping(Report of the Secretary General pursuant to the Statement adopted by the Summit Meeting of the Security Council on 31 January 1992) : A/47/277-S/24111, 17 June 1992.

Collier, Paul and Sambanis, Nicholas(2005) *Understanding Civil War : Evidence and Analysis*, World Bank.

Daimon, Takeshi(2001) "The Spatial Dimension of Welfare and Poverty : Lessons from a Regional Targeting Program in Indonesia, "*Asian Economic Journal* Vol. 15 No. 4, pp. 345-367

―――(2005)"How Globalization Loalizes International Public Interest : A Cross-Country Evidence from Millennium Development Goals," *Waseda Global Forum*, No. 1, pp. 15-23.

Doyle, Michael and Nicholas Sambanis(2006) *Making War and Building Peace : United Nations Peace Operations*, Princeton Paperbacks.

Fukuyama, Francis(2004) *State-Building : Governance and World Order in the 21st Century*, Cornel University Press.

Grossman, Herschel I. (1991)"A General Equilibrium Model of Insurrections," *American Economic Review*, Vol. 81, pp. 912-921.

Hirshleifer, Jack(1995)"Theorizing About Conflict,"*Handbook of Defense Economics 1*, pp. 165-189.

International Monetary Fund(IMF) (2006)"Islamic Republic of Afghanistan : Selected Issues and Statistical Appendix."

Kaldor, Mary(1999) *New and Old Wars : Organized Violence in a Global Era*, Polity Press.

Lancaster, Carol(2007) *Foreign Development : Diplomacy, Development, Domestic Politics*, University of Chicago Press.

Lund, Michel S. (1996) *Preventing Violent Conflicts*, United States of Peace, Washington, DC.

Rais, Rasul Bakhsh(1999)"Conflict in Afghanistan : Ethnicity, Religion and Neighbors", *Ethnic Studies Report*, Vol. 17, No. 1, International Centre for Ethnic Studies.

Murdoch, James C, and Todd Sandler(2002)"Economic Growth, Civil Wars, and Spatial Spillovers", *Journal of Conflict Resolution*, Vol. 46, No. 1, pp. 91-110.

Rubin, Barnett(1995) *The Fragmentation of Afghanistan : State Formation and Collapse in the International System*, Yale University Press.

Sandler, Todd(2004) *Global Collective Action*, Cambridge University Press.

Sen , Amartya(2006) *Identity and Violence : The Illusion of Destiny*, W W Norton & Co Inc.

United Nations Development Program(various years) *Human Development Report*.

United Nations, Office on Drugs and Crime(2005) *World Drug Report 2005*

World Bank(1998) *Assessing Aid ; What Works, What Doen't and Why*, Oxford Univer-

sity Press. 世界銀行編，小浜裕久・富田陽子訳(2000)『有効な援助』東洋経済新報社。
―――(2003 a), *Breaking the Conflict Trap：Civil War and Development Policy*, World Bank Policy Research Report. 世界銀行編，田村勝省訳(2005)『戦乱下の開発政策』シュプリンガーフェアラーク東京。
―――(2003 b)*Decentralizing Indonesia*, World Bank Regional Public Expenditure Review, Overview Report.
―――(2005)*Afghanistan：State Building, Sustaining Growth, and Reducing Poverty*, World Bank Country Study.

事項索引

◆ア 行──

アイデンティティ　3,4,40-45,97,136,149
　──の選択　43
　暴力的な──　44
アカウンタビリティ　130,176
アジア開発基金　→　ADF
アジア開発銀行　→　ADB
アジア金融危機　127
新しい戦争　4
アチェ　127,134,150-154
　──自治政府法　151
アドボカシー　177
アフガニスタン
　──復興信託基金　55
　──復興東京会合　74
　ソ連軍の──侵攻　86
アフリカ開発銀行　→　AfDB
アメリカ国際援助庁　→　USAID
アルカイダ　4,89,133
安全保障　61
　国家──　62
　資源──　126
　集団──　14
移行期支援　165-169
移行政権　51
移行プロセス　49,150
イスラエル　41
イスラム
　──懐柔政策　91
　──過激派　92,133
　──原理主義　34
　──的立憲民主制　108
　──復興　34
　──文明　41
イスラム開発銀行　→　IsDB
一気通貫制度　169

一般均衡　36
イラク　117-120
　──戦争　117,165
　──復興基金　119
　──復興支援国会合　118
イラク特措法　71,72
イラン　112
イン・コンフリクト　161
インドネシア
　──化政策　135
　──語　143,145,147-149
　──国家開発企画庁　→　バペナス
インフォーマルセクター　107
インフォーマルな均衡　33,103,104
インフラ　113,167,171
ウェストファリア体制　42
ウズベキスタン　91
ウズベキスタン・イスラム運動　→　IMU
ウズベク人　98
遠隔操作　31,118,119,157
縁故主義　129
円借款　20,69,70,119,128,133,162,164,171
援助　86
　──行政　141
　──競争　21
　──協調　20,53
　──効果　158
　──大国　5
　──予算　163
　──ラッシュ　39
　緊急──　97
　戦略──　5
エンパワーメント　44
　コミュニティ・──　151,163
欧州復興開発銀行　→　EBRD
汚職　129
オーストラリア　40
オーナーシップ　21,69,89,171

事項索引

◆カ 行——

海外経済協力会議　175
海外経済協力基金　→　OECF
海外直接投資　126
戒厳令　150
外国人顧問団　140
開発援助委員会　→　DAC
開発金融　54
外務省　141,162-164,170,173
外務省改革　74
カウンターパート　154
家計調査　106
カザフスタン　113
カトリック　136
カナダ　15
　——平和構築イニシアティブ　15
ガバナンス　18,75,161,166
カルマル政権　83
乾燥気候　105
カンボジア　37,38
企業の社会的責任　177
技術協力　27,159,163
北大西洋条約機構　→　NATO
ギャップ　21,151,165
　優先順位の——　23
キャパシティ・ビルディング　27
協調融資　171
極化　37
キルギス　92,113
緊急開発調査　168
グラント　→　無償資金協力
グレート・ゲーム　81
クロス・カントリー分析　36
軍閥　98
　旧——　103
経済協力開発機構・開発援助委員会　→
　　OECD/DAC
経済協力機構　→　ECO
交換公文　259
公共支出管理　22,54
公共選択論　43

構造調整　22
構造的要因　165
公的サービス契約　64
交付金　126
公用語　144
国益　60,67
国際開発協会　→　IDA
国際開発省　→　DFID
国際開発庁　→　DFID
国際機関　53
国際協力企画立案本部　172
国際協力機構　→　JICA
国際協力銀行　→　JBIC
国際協力事業団　69
国際緊急支援部隊　152
国際金融機関　→　IFI
国際公共財　40
国際通貨基金　→　IMF
国際平和協力法　71
国際平和協力本部　77
国際平和研究所　15
国内避難民　→　IDP
国民国家　25
国連開発計画　→　UNDP
国連カンボジア暫定行政機構　→　UNTAC
国連憲章　31
国連東ティモール暫定行政機構　→
　　UNTAET
国連東ティモール支援団　→　UNMISET
国連難民高等弁務官　→　UNHCR
コスト・リカバリー　89
国家開発戦略　→　ANDS
コトパンジャン・ダム訴訟　132,133
コモン・プール　23
コンディショナリティ　35,54

◆サ 行——

財政投融資　172
債務持続可能性　172
財務省　141,162,173
サマーワ　118,155,179
暫定政権　51

自衛隊　137, 139, 142, 174
支援国会合　20, 140
市場の失敗　32
自助努力　73, 161
失敗国家　7, 24
市民社会　100, 176
社会規範　32, 34
社会言語学　147
社会主義　82, 83
借款　159
ジャパン・プラットフォーム　177
ジャパン・マネー　160
上海協力機構　116
自由アチェ運動　→ GAM
重債務貧困国　164
周辺国　51
シューラ　83, 99, 110
主流化　16, 17, 37
小規模銃規制　166
乗数効果　112
人権　41
新公共経営論　64, 65
人材プール制度　169
新自由主義　26
新中世　42
人道　61
　——支援　51, 165
　——支援活動　17
新保守主義　26
スマトラ沖地震　177
スリランカ　153
成果　49, 64
　——主義　49
政策介入　40, 166
政策協調　23
政治危機　127
脆弱国家　7, 23-34, 44
脆弱性　149
　国家の——　143
成長　130
制度構築　27, 35
政府開発援助　→ ODA
世界銀行　54, 130

セキュリティ　28
戦後賠償　69
戦時ナショナリズム　26
戦略目的　5
ソーシャル・セーフティネット　129
ソーシャル・ファンド　77
想像の共同体　143

◆タ　行——

多国籍軍　70, 135
タジキスタン　92
タジク人　98
縦割り　141, 170, 172
　ODA行政の——　66
タミール・イスラム解放の虎　→ LTTE
タミル人　134
タリバン　74, 84
単年度主義　163, 164
治安　17, 120
地域的公共財　40
チェチェン　41, 92
地方分権　131
中央アジア　89, 112, 114
中央アジア協力共同体　→ CACO
中央集権　129
中継貿易　51, 91
中国　93
調和化　18
　援助手続きの——　21
通貨危機　127
継ぎ目のない支援　21, 53
津波　150, 152
ディリ　142
テトゥン語　144, 145, 147, 148
デマケ　164, 173
デュアランド・ライン　81
テロリスト　3
テロリズム　4
　——の発生メカニズム　4
天安門事件　70, 161
東京会合　94
独裁

開発―― 125
　　　――国家 22
ドナー 13, 52
トラスト・ファンド 141
トルクメニスタン 85
トルケスタン 114

◆ナ 行――

内政不干渉 32
内的脆弱性 32
ナジブラ政権 83
ナショナリズム 34, 97
　　インドネシア・―― 144
　　東ティモールの―― 146
難民 52
　　アフガン―― 52
　　スーダン―― 51, 52
二国間機関 51
西ティモール 149
日本輸出入銀行 173
人間開発
　　――指数 15, 57
　　――報告書 15, 28
人間の安全保障 1, 28, 44, 57, 73, 157, 166
　　――委員会 17
　　――基金 73
ネパール 56
能力開発 26, 35, 57, 60

◆ハ 行――

パイプライン 93, 112, 131
　　天然ガス―― 113
配分金
　　一般―― 130
　　特別―― 131
パキスタン 85, 86, 88, 91, 113
波及効果 40
バークレイマフィア 125
ハザラ人 93, 98
パシュトゥーン人 81, 98
バペナス 126, 151

ハマス 161
パレスチナ 41, 161
パレート最適 36
東ティモール 39, 98, 127, 134-150
　　――国立大学 146
　　――の言語状況 144
引き金的要因 165
非合法武装集団 103
非政府組織 → NGO
貧困
　　――削減 61, 65, 130
　　――対策事業 126
　　――撲滅 5
貧困削減戦略ペーパー → PRSP
ファスト・トラック制度 168
ファンジビリティ 22, 23, 110
フェルガナ盆地 92
武装解除, 動員解除, 社会再統合 → DDR
武装蜂起 36
フランス 66
プレッジ 94, 118
プレッジング・セッション 20
ブレトンウッズ機関 54
紛争の根本原因 4, 19
紛争予防 16
文民統制 166
文明の衝突 41
米州開発銀行 → IDB
平和維持 11, 12, 13, 17
平和維持活動 → PKO
平和構築 3, 4, 11-13
　　勝者による―― 6
　　――委員会 13, 57
　　――支援のガイドライン 19
　　――ニーズアセスメント → PNA
　　――の三角形 37
平和創造 11-13, 17
ベトナム 27, 29
ベトナム戦争 5
ベルリン会合 95
防衛省 77
法の支配 30, 32, 33
法の統治 104

事項索引　193

北部同盟　85
ポスト・コンフリクト・パフォーマンス・レーティング　55
ポルトガル　134, 143
ポルトガル語　144, 146-148
ボン合意　74, 94

◆マ 行──

マイクロ・ファイナンス　132, 171
マオイスト　56, 134
マドラサ　85
麻薬　104
マルク　134
マンデート　51, 166
ミャンマー　41, 161
ミリシア　137, 149
ミレニアム
　国連──サミット　13
　──挑戦会計　63
ミレニアム開発目標　→　MDG
民間投資　171
民軍協力　→　CIMIC
民主化支援　63
民主主義　41, 73
ミンダナオ　77
ムジャヒディン　82-84
無償　159
無償資金　54
無償資金協力　20, 163
面的広がり　20, 56
モダリティ　75, 163, 170
　援助──　19
モラル・ハザード　103, 104

◆ヤ 行──

融資適確国　54
有償資金協力　20
予防外交　11, 14, 17

◆ラ 行──

リアリズム　14
　政治的──　35
リベラリズム　35
レジティマシー　30, 32
レジーム・チェンジ　25
ローカル・キャパシティ　37
ローカル能力指数　39
ローヤ・ジルガ　94
ロンドン会合　95

◆ワ 行──

ワークフェア　129, 139
湾岸戦争　5, 41, 70

◆A──

ADB　58-60, 111
ADF　69
AfDB　58, 59
ANDS　95, 107-110

◆B──

BMZ　67

◆C──

CACO　114, 115
CAP　76
CASCO　114
CHモデル　36, 37
CIMIC　174

◆D──

DAC　18
DDR　18, 54, 75, 98, 100-103, 166
DFID　29, 64

事項索引

◆ E

EBRD 58
ECO 113, 114

◆ G

GAM 150, 152
GTZ 67
GUUAM 114

◆ I

IDA 69
IDB 58
IDP 18, 52
IDT 128, 129, 139
IFI 27
IMF 14, 126, 166
IMU 116
IsDB 59, 60

◆ J

JAM 76, 140, 168
JBIC 20, 61, 68
JICA 19, 69
　新生―― 172

◆ K

KfW 67

◆ L

LTTE 153, 156

◆ M

MDG 28, 44, 45, 49, 108

◆ N

NATO 40
NEPAD 66
NGO 20, 53, 100, 175
　国際―― 100
NSP 109, 140

◆ O

ODA 60, 62, 63
　日本の―― 69
　――改革 74, 174
　――外交 74
　――政策 74
　――中期政策 73
　――白書 158
ODA 大綱 5, 72, 74
　新―― 74, 75, 158, 162, 168
OECD/DAC 16
OECF 68, 173

◆ P

PKO 37, 72, 135, 138, 162, 175
PKO 協力法 70, 74
PNA 168
PRSP 21, 29, 49, 95, 132, 162, 164

◆ Q

QUIPS 168

◆ R

REPSECT 138, 140

◆ U

UNDP 14, 15, 57
UNHCR 14, 52, 53, 167
UNMISET 137

UNTAC 72, 137
UNTAET 135, 137

USAID 62

人名索引

◆ア 行──

明石康　72
秋野豊　89
アックスワージー（Axworthy, Lyold）　44
アンダーソン（Anderson, Benedict）　144
伊勢崎賢治　18, 101
緒方貞子　44, 75, 170

◆カ 行──

鴨武彦　71
ガリ（Boutros-Ghali, Boutros）　11, 13
カルザイ（Hāmid Karzai）　94
カーン（Khan, Ismail）　84
カント（Kant, Immanuel）　14
グスマン（Gusmão, Kay Rala Xanana）　137, 144
クルマス（Coulmas, Florian）　148
グロスマン（Grossman, Herschel I.）　35
小杉泰　117
コリア（Collier, Paul）　167

◆サ 行──

サンドラー（Sandler, Todd）　40, 90
サンバニス（Sambanis, Nicholas）　37
スハルト（Suharto）　125
スミス（Smith, Adam）　35
セン（Amartya, Sen）　43, 44

◆タ 行──

田中明彦　42

◆ナ 行──

西川潤　177

◆ハ 行──

ハーシュライファー（Hirshleifer, Jack）　36
バス（Basu, Kaushik）　32
ハンティントン（Huntington, Samuel）　41, 42
ビン・ラディン（bin Lādin, Usāma）　85, 89
ブラヒミ（Brahimi, Lakhdar）　13
フクヤマ（Fukuyama, Francis）　24, 25, 26
フセイン（Hussein, Saddam）　117, 118

◆マ 行──

マスード（Massoud, Ahmed Shah）　83
松野明久　134
マードック（Murdoch, James C.）　90

◆ラ 行──

ラセット（Russett, Bruce M.）　14
ランカスター（Lancaster, Carol）　62

平和構築論　開発援助の新戦略

2007年4月25日　第1版第1刷発行

著者　大門　毅（だいもん たけし）

発行者　井村寿人

発行所　株式会社　勁草書房（けいそう）
112-0005　東京都文京区水道2-1-1　振替 00150-2-175253
（編集）電話 03-3815-5277／FAX 03-3814-6968
（営業）電話 03-3814-6861／FAX 03-3814-6854
港北出版印刷・中永製本

© DAIMON Takeshi　2007

ISBN978-4-326-30168-3　Printed in Japan

JCLS　〈㈳日本著作出版権管理システム委託出版物〉
本書の無断複写は著作権法上での例外を除き禁じられています。
複写される場合は、そのつど事前に㈳日本著作出版権管理システム
（電話03-3817-5670、FAX03-3815-8199）の許諾を得てください。

＊落丁本・乱丁本はお取替いたします。
http://www.keisoshobo.co.jp

―――― 勁草書房の本 ――――

「正しい戦争」という思想
山内　進編

ジハード，十字軍，アメリカ。戦争の良し悪しはどうやって決められてきたのか。日本人が誤解しやすい聖戦思想を解説。　2940円

勁草テキスト・セレクション
国際関係理論
吉川直人・野口和彦編

リアリズムにコンストラクティビズム，批判理論に方法論などわかりやすく解説。やさしい用語解説と詳しい文献案内つき。　3465円

国際法から見たイラク戦争
C.G.ウィーラマントリー著　浦田賢治編訳

イラク戦争とはなんだったのか？　なぜ国際法はアメリカを止めることができなかったのか？　検証する。　3150円

集合的選択理論と社会的厚生
アマルティア・セン著　志田基与師訳

社会的選択理論の「現代の古典」として名高いセンの代表作。本書こそ，のちのセンの作品の理論的基礎をなすものである。　3150円

表示価格は 2007 年 4 月現在。
消費税が含まれております。